中华文明

民俗卷

朱振华　国先翼　著

泰山出版社 · 济南 ·

图书在版编目（CIP）数据

小天下·中华文明. 民俗卷 / 葛剑雄主编；朱振华，国先翼著. —济南：泰山出版社，2021.8

ISBN 978-7-5519-0628-9

Ⅰ. ①小…　Ⅱ. ①葛…　②朱…　③国…　Ⅲ. ①中华文化—青少年读物　②风俗习惯—中国—青少年读物
Ⅳ. ①K203-49　②K892-49

中国版本图书馆CIP数据核字（2021）第085167号

小天下·中华文明　民俗卷

XIAO TIANXIA · ZHONGHUA WENMING　MINSU JUAN

策　　划　胡　威
主　　编　葛剑雄
副 主 编　谭好哲
著　　者　朱振华　国先翼
责任编辑　徐甲第
装帧设计　路渊源

出版发行　泰山出版社
社　　址　济南市泺源大街2号　邮编　250014
电　　话　综　合　部（0531）82023579　82022566
市场营销部（0531）82025510　82020455
网　　址　www.tscbs.com
电子信箱　tscbs@sohu.com
印　　刷　山东通达印刷有限公司
成品尺寸　148毫米×210毫米　32开
印　　张　6.75
字　　数　127千字
版　　次　2021年8月第1版
印　　次　2021年8月第1次印刷
标准书号　ISBN 978-7-5519-0628-9
审 图 号　GS（2021）5055号
定　　价　36.00元

总 序

这套丛书命名为《小天下》，自然是出于孟子的话："孔子登东山而小鲁，登泰山而小天下。"孟子的意思很明白，登高才能望远，才能望遍。就是孔子这样的圣人，也必须借助高度，才能超出正常视力的极限。如果只登上高度有限的东山，至多只能看到鲁国的全貌；只有登上当时人心目中的最高峰——泰山，才能阅尽天下。

时至今日，我们早已明白，孔子、孟子心目中的最高峰泰山离地球上的最高峰差距甚大，就是能登上珠穆朗玛峰，能看到的也只是地球这个"天下"的极小部分。只有登上宇宙飞船，并且还得借助特殊的工具，从外太空才能看到地球的全貌。但此话的哲理完全正确，古今不易。所以我们编这套丛书的目的就很明确——为我们的读者提供登上东山、泰山，以至珠穆朗玛峰的阶梯，使他们能不断扩大视野，一步一步“小天下”。

我们主要的读者对象，是高中生、大学生或相应文化程度的青年，也就是说，这套书是适合他们的阶梯。

“书山有路勤为径，学海无涯苦作舟。”韩愈这两句话流传了一千多年，一直是激励青少年刻苦求学的名言。但到了今天，光靠勤和苦已经攀不上书山，渡不过学海了。因为这座书山过于高大，并且每时每刻在增高扩大；这片学海过于浩瀚，并且分分秒秒在拓宽加深。如果一味只讲勤和苦，以一个人有限的时间、精力和生命，也许只是在山麓徘徊，在海滨徜徉。唯有找到了阶梯，又具备攀登的实力；发现了渡船，又有了正确的导航；方能如愿以偿，接近顶峰，靠近彼岸。

人类积聚到今天的全部知识和学科，基本可以分为两类——人文和科学。我们提供的阶梯也就包含这两个部分，有的书侧重于人文，有的书基本内容是科学，有的书两者兼顾。但无论哪一种，都不是哪一门学科知识的简单延伸或扩展，都不是某门课的教学辅导书或什么解题宝典，而是人文与科学的结合。我们的读者，无论他们今后从事何种工作，选择什么专业，发挥哪方面的作用，在社会上处在什么地位，都需要奠定这两方面的基础。就人文而言，重要的是通过哲学、历史、文学、艺术、美学等学科的学习，确立基本的价值观念、审美情趣、生活方式、理想信念，而不仅仅是具体的知识。就科学而言，重要的是通过对自然科学、社会科学主要领域的学习，掌握基本的逻辑推理、归纳综合、分析思维的能力，而不仅仅是具体的概念。

正因为如此，我们的选题并不对应于高中、大学的课程，也不求覆盖全部学科，而是选择了一些关键性、综合性，特别是我们的读者最需要的一些专题，陆续出版。首批的各卷分别是国家、民族、军事、商业、思想、文学、艺术、民俗，后续各卷将分批出版。“小天下”的阶梯将不断升高，不断增宽。

我们的作者都是优秀的学者、教师，尽管他们自己未必已达到一流水平，但要求他们必须应用本专业、本领域的一流成果、权威结论。还要求他们用读者喜爱的表达方式、能明白的语言，像老师与同学们谈心聊天那样来写这套书。我们更希望在这套书问世以后，作者能走进校园，走向社会，与读者们交流，了解他们的需求，听取他们的意见，不断修订完善，使“小天下”的阶梯愈益精良坚实，也使阶梯的使用者持续增多。

葛剑雄

目录

绪 论

如果说文明是一条大河，那么民俗就是汇聚成这条河流的浪花；如果说文明是一棵大树，那么民俗就是滋养这棵大树的土壤；如果说文明是一片天空，那么民俗就是这片天空中绚丽的云彩。在五千多年中华文明发展史中孕育的优秀民俗文化，积淀着中华民族最深沉的精神追求，展示着中华民族独特的精神内涵，是中华民族生生不息、发展壮大的丰厚养料，是当代中国发展的突出优势。可以说，民俗对延续和发展中华文明、促进人类文明进步，始终发挥着无可替代的重要作用。

那么，究竟什么是民俗？在社会学家看来，民俗就是一个族群模式化的群体生活。它既包括衣、食、住、行，又涵盖人生仪礼、节日庆典、乡约族规、社会交往、精神信仰等方方面面。可以说，大到一个国家、地区，小到一个城镇、村落都有其民俗。因为历史、宗教、民族、经济和社会发展等多方面因素，民俗不仅无处不在，而且具备地域性、传承性、扩布性等复杂特征。因此可以说，民俗是社会生活的综合体现，是人类文明的土壤和根基，是一个族群最为直观的文化标签。

一般认为，民俗是人类创造的生活文化，包括流行在人民群众之间的生产习惯、生活特点和精神信仰等几个大类。民俗就是不同地区、不同人群的独特文化。除了文献记录，它们也依靠人们的口传心授鲜活地代代相传。同时，民俗还会随着社会制度、文化传播等因素而发展变化。因此，许多大家习以为常的“风俗习惯”，往往既保存着久远的文化传统，又折射出历史变迁、社会进步和族群融合的影子。观察民俗的发展变化，可以发现和捕捉人类历史和经济社会演变发展的轨迹。因此，要想把握人类社会与族群生活的历史奥秘和文化智慧，我们就不能不搜集、整理和保护人类五彩缤纷的民俗事项，观察、记录并研究那些影响人类族群文化和生活模式的地方习俗。

在中国，作为描述风土人情的概念，“民俗”一词最迟在先秦时期就已经出现了。相传成书于战国至秦汉时期的《管子》一书，就强调“观国政，料事务，察民俗”。《管子》认为君主若想治理好国家，一定要先观察国家的政务，对国家的政务作深刻而具体的了解，体察民情，了解百姓风俗习惯。

只有这样，法度才能建立，治理措施才能施行。在这里，“民俗”的对象主要是指“庶人”“常人”，也就是有别于统治阶级或达官贵族、士大夫阶层的普通百姓。同样的道理，相传成书于先秦至秦汉时期的《礼记》说的“章好以示民俗”，《汉书》《荀子》等提到的“变民风，化民俗”“民之风俗”等，都指向了一方水土及其黎民百姓的生活习惯。

从人类早期文明的曙光，到工业革命带给人类社会跨时代的飞跃，世界文明发展变化的集中表现，无疑是民俗生活的巨大变迁。

事实上，远在原始社会晚期，中华文明的曙光就在华夏大地有了极富生命力的表现。秦汉时期，华夏大地上的无数个族群逐渐形成了多元一体的民族特征。尤其是在汉武帝时期，随着“罢黜百家，独尊儒术”政策的施行，曾被社会广泛奉行的“礼乐”思想，在儒家文化占领主导地位后进一步被提倡和确立。从此，虽然中国人的思想不断更迭，经济社会不断发展，但是“礼”“俗”之间互相影响、互相制约、互补互益的文化互动机制绵延不绝，最终形成了中国社会“礼俗互动”的运作模式。也就是说，民间的趣味、风尚和习俗，往往会从基层上升到国家层面，并最终会形成一种国家制度的顶层设计。与此同时，国家层面的礼乐文化，统治阶层的生活趣味、价值追求，往往也可以引起民间社会的认可、追捧、效仿和学习，从而使“礼”化为“俗”，形成全社会尊奉的一种共识或制度。一直到今天，这种礼俗互动，依旧让中国社会独具魅力。

秦汉时期，中国人基本确立了自己的民族风格、民族气派。在长达两千余年的时间里，以传统农耕民俗为主干，以游牧民俗、渔猎民俗为重要补充的生活模式基本不变。

进入19世纪，随着鸦片战争的爆发，西方列强利用工业革命带来的先进武器、理念和制度，以坚船利炮强行打开了晚清政府闭关锁国的大门。从此，硝烟四起、烽火满地。无数仁人志士先后尝试了多种社会改造和制度变革。与此同时，还爆发了多次农民起义和武装革命。其中，以声势浩大和战果显著的太平天国运动最为典型。太平天国运动对腐朽落后的封建制度的冲击在一定程度上促进了中国社会的进步。太平天国运动对新的政治、经济制度的尝试虽然大多因为不切实际无疾而终，但许多探索令人警醒、引人深思。面对“数千年未有之大变局”，中国人的民俗生活第一次面临全方位的变化和改造。此后，旧有的制度逐渐被打破、被颠覆，带有现代气息、西式特征的生活文化不断被引进和传播，中国人的民俗生活随着近代文明的突飞猛进，而跨进一个新旧夹杂、土洋并存的20世纪。

新中国成立特别是改革开放以来，中国人的生活开始随着物质生活的极大改善和提高，民俗逐渐同全世界联通起来。特别是在过去的二十年间，新型城镇化将大量人口从农村带入城镇，城里人的生活趣味从城市弥漫到乡间，并且极大地改变了农村人口的生活理念和生活方式。同时，以非物质文化遗产保护运动为代表的传承、弘扬中华优秀传统文化的社会行动，又促使人们珍视传统，不断反思现代生活，并在此基础上，推动以非物质文化遗产为代表的中华优秀传统文化的创造性转化和创新性发展。

马克思主义理论相信文明的发展建立在物质的基础性地位之上。因此我们从生产和生活两个角度出发，将会更加清晰地体会出民俗贯穿在整个中华文明中的价值。例如，生产民俗体现着人民如何维系自己的生存和发展，生活民俗可以看出人民在维系自己生存之余的发展状况。同时还应看到的是，满足了基本的生产和生活需求，人们必定在精神上有新的需求。人类之所以不同于其他动物，很重要一个因素在于人类懂得思考，人类的精神世界是丰富多彩的。从精神民俗角度入手必然是了解我们的文化中独具“中国特色”内涵的必要途径。

我们的祖国具有疆域辽阔、自然资源丰富、气候条件复杂和多民族性的特征。在漫长的文明发展史上，从地域上来看，在我国北部、南部、西部等地区中国人的物质民俗生活曾出现过渔猎民俗、农耕民俗和游牧民俗等不同的生活模式。五十六个民族因为生活在不同的地理环境之下，也各自呈现出全然不同的民俗风貌。北部地区以满族、蒙古族等民族为代表，南部地区以苗族、壮族、彝族为代表，西部地区以维吾尔族、藏族为代表，各个少数民族分布在中华大地上，他们富有本族风情和地方特色的民俗文化共同将中华文明装扮的绚烂多姿。

毋庸置疑，中国各民族的优秀民俗文化积淀着多样、珍贵的精神财富，如求同存异、和而不同的处事方法，文以载道、以文化人的教化思想，形神兼备、情景交融的美学追求，俭约自守、中庸泰和的生活理念，等等。可以说，中国人的民俗文化是中国人民思想观念、风俗习惯、生活方式、情感样式的集中表达，滋养出独特丰富的文学艺术、科学技术、人文学术，至今仍然具有深远影响。在这个意义上，民俗文化可以说是中华文明的血脉，是中国人的精神家园。

民俗是民众的历史，民俗是民众的生活，民俗是民众的制度，民俗是民众的智慧。文化的历史有多久，民俗的历史就有多长。因此，了解人类文明的进程，触摸中华文明的脉搏，就让我们从领略中华民俗的文化魅力开始吧！

第一章

中国民俗的萌生与发展

断竹，

续竹。

飞土，

逐宍。

——先秦·无名氏《弹歌》

我们的地球，大约有47亿岁。地球在约30亿年前开始出现生命，最初的生命是源自海洋的微生物，所以人们常说“海洋是生命的摇篮”。人类的起源大约可以追溯到1500万年前。从这时开始，中国的历史时期在时间上可以划分为原始时期、古代时期、近代时期和现当代时期。

先民们的诞生和历代繁衍的过程，也是中国民俗萌生和发展的过程。在原始社会，因为生产力极度低下，先民们眼中的世界充满了未知。他们一方面认为自然万物与人一样是有生命的，于是产生了原始神话和原始艺术；另一方面出于对自然力量的恐惧和不解，产生了原始巫术、原始宗教等精神崇拜。受到这些思想的影响，人们在建筑、饮食、劳动、休闲等生活的方方面面都达成了一些特殊的、约定俗成的共识，这就是原始社会时期的民俗。进入古代中国，因为父权制的逐步确立和统一中央王朝的建立，民俗的发展逐渐受到了整个国家意志的影响，民俗文化的形式逐渐丰富起来。特别是儒家思想对民俗产生了重要的影响，使得古代中国的民俗文化明显地呈现出“礼俗互动”的运行特点。到了近代，中国面临的突出问题是深重的民族危机，传统民俗文化的发展与西方近代化文明产生激烈碰撞。随着政治、经济的近代化，中国民俗文化逐渐融入世界文明潮流，并保持其独特的文化魅力屹立于世界民族之林。

第一节　文明的曙光：民俗的诞生

一般而言，我们将没有文字记载，但人类文明的曙光已经开始出现的历史时期，称为“史前社会”或“原始社会”。因为没有文字记载，所以搜集、整理和研究史前人类遗留下来的工具、器物和痕迹，观察物质文化的发展序列，以及灵长类动物的习性、表现，就成了我们了解人类历史发展的重要途径。

同时，无论是猿人还是智人，人类最初使用的工具，主要是利用天然的石头制造而成。因此人类历史发展最初的一个时期，叫作“石器时代”。石器时代的前期，大约为距今一百多万年前到一万多年前，因为此时的人类只能简单地掌握石头互相打击后形成的粗糙工具，所以这个时代被称为“旧石器时代”。旧石器时代的时间最为漫长，可以囊括从猿人到智人的绝大部分时间。

下一个人类历史发展阶段大致从距今一万年前开始，此后经历了五千多年的发展，最终随着氏族社会的发展到达顶峰继而衰落下去。在这个阶段，人类使用的工具逐步改进，可以将打制的石器进一步优化、升级，成为更加精细化的磨制石器。同时，人类熟练地掌握了火的使用，学会了烧制陶器。不仅如此，此时的气候和地质环境趋于稳定，与今天自然界的气候和地质环境几乎相同，所以这个时期也被称为“新石器时代”。

旧石器时代“北京人”使用的石砧

无疑，原始社会是人类

经历的最漫长的发展阶段。在中华大地上，截至距今四千多年前夏王朝的建立，石器时代至少存在了一百万年。因此有人说，假如人类诞生至今的历史就像是一年中的365天，那么我们今天所处的文明时代，很可能是在新年钟声即将敲响的岁末几分钟。人类文明的绝大多数时间，是遥远而漫长的石器时代。

在原始社会，人类就像是一个生活在丛林之中的孩童。他赤手空拳，一无所有，只能凭借父辈传授的智慧和勤劳的双手，在充满危险和死亡的黑暗中摸索。那么，原始社会到底是一幅怎样的社会生活图景呢？衣、食、住、行等这些就连现代人都很关心的问题，在当时又是怎样解决的呢？

从考古发掘提供的资料和信息看，在原始社会时期，人们起初并不会建造房屋。生产力低下，劳动工具落后，使得他们不得不经常居住在天然洞穴之中，人类与野兽抢夺洞穴的冲突更是时有发生。幸运的是，人类掌握了火的使用方法。自然界中，只有人类和少数被驯化的动物才不畏惧熊熊火焰。火不仅可以烹饪食物，还能够在冬日提供温暖，在危机时刻守护人类祖先的生命安全。

在旧石器时代的中晚期，工具的落后使得负责狩猎的男人无法经常有收获，负责采集的女人却可以为家庭提供稳定的食物来源。因此，女性在整个原始部落处于核心地位。此时，男人附属于女人，女人可以优先择偶和掌管家庭事务。此时，原始氏族的世系关系要按母亲的血缘予以维持，夭折的儿童也要优先与母亲合葬在一起。

光阴似箭，人类社会逐渐迈入了新石器时代。此时，无论是在黄河流域、长江流域，还是在汶河流域、辽河流域，随着原始农业、饲养业的出现，人类开始走出洞穴或半地下的掩体。在温暖湿润、土地肥沃的河谷平原上，以女性血缘关系为纽带的氏族社会逐渐“聚族而居”，出现了贴近水源居住的原始村落。

此时，母系氏族社会达到了鼎盛时期。女性成为氏族社会的核心力量：她们种植农作物，采集果实和种子，用石棒、石盘研磨粟米；她们还尝试着饲养男人偶尔捕获的活野猪、活野羊等；她们将动物的兽皮、植物的纤维剥离，晾晒后编织起来做成衣物。生产力的缓慢提高，让每个氏族拥有了大量工具、土地和房屋，包括族长在内，母系氏族社会的成员地位一律平等，大家一起劳动，共享收获的粮食和果实，互相守望，遵守共同的习俗，死后埋葬在一起。在这个时期，尽管生产力极其低下，但人们已经开始体会到人类生活的幸福和

新石器时代红陶兽形壶

喜悦。短暂温饱生活的间歇，陶器、玉器、骨器陆续被制造出来，图腾崇拜、原始巫术被创造和传承，并作为人类文明曙光中的原始文化深深地埋入我们的文化基因之中。

大概从新石器时代中叶开始，随着原始农业文明的进步，黄河流域的原始村落发展得更加成熟。考古学家发现，此时的人类社会开始从母系社会向父系社会转化。此时，水源充沛、气候宜人、物产丰富的黄河中游地区成为原始先民们首选的“风水宝地”。特别是地处黄河中游的陕西，是中华民族的发祥地和古代文明的摇篮之一。陕西境内发现的蓝田人、大荔人等远古人类踪迹，以及西安半坡、临潼姜寨、高陵杨官寨、神木石峁等早期文化遗址，反映了远古先民在这里生存、演进的状况，再现了史前文明的基本特征和中华民族生机蓬勃的“童年”。

让我们一起穿越到距今六千多年，位于今天陕西省西安市临潼区城北的“姜寨社区”。在这里，生活着被考古学家认为以“仰韶文化”为主的许多原始部落。与后来因为自然被破坏导致的荒凉景象不同——此时，这里是一片郁郁葱葱、莽莽苍苍的原始森林，潼河、临河自南向北滔滔奔流，在临潼城北相交汇合。在明媚的阳光照耀下，星罗棋布的村落分散在森林边缘的肥沃土地上。每个村寨都不大，每一个村庄几乎都是一个血缘家族。其中最大的一个村落在布局上最有代表性：它有

仰韶文化时期的颜料研磨器

着严格的功能分区，大致分为生活居住区、窑场工作区和埋葬墓地等三个部分。

生活居住区位于村子的中央位置，在它的周围挖好了可以防备野兽和敌人的壕沟，窑场和墓地被分隔在了沟外。在居住区，上百座房屋大小不等，但是布局却井然有序。在村落中央，是氏族聚会、议事和举行大型活动的神堂以及面积约有4000平方米的中心广场。为了物尽其用，神堂内部被划分成不同的空间。其中前间的面积最大，中央位置还留有一个大火塘。这里是氏族聚会的场所，也是老年妇女和未成年人统一的住处。广场的周围分布有一百多座房子，并且分成了5个相对集中的居住群。就像众星拱月一般，每个氏族成员的小房子都要围绕着神堂建造，每家的房门也都要朝向神堂。这些小房子是普通氏族成员的住宅，生活着一个个独立的小家庭。当然，这些房屋有大有小，有地穴、半地穴和地上三种。较大的房屋可以达到80平方米，不仅设有门，还会有一个通风透气的烟道连通着灶坑。小房屋的面积只有20平方米左右。房子有圆形和方形两种造型，无论大小，它们大多以木头搭建、泥巴涂抹，互相之间的差别并不大。在房子的外侧附近，分布着数量众多的储物窖穴，有些房子附近还散布着埋葬儿童的瓮棺葬。中心广场的不远处，设有两处较大的围栏，这些设施主要是为了驯化、饲养动物而修建的，每处可以存放几百头牲畜。

根据遗迹，考古学界复原的方形房子

根据遗迹，考古学界复原的圆形房子

从生活居住区往四处看，目光所及就是防止外族或野兽入侵的壕沟，壕沟内侧有时还会设有“岗哨”。如同今天的村庄经常设置一座漂亮的牌坊或者大门一样，姜寨的村庄也有一座大门。大门靠近河流，方便部落成员或者饲养的家畜就近用水。在村寨西方临河的岸边分布着窑厂，因为这里贴近水源，掘土、取水、加工和烧造都比较方便。

就这样，在不断战胜自然的过程当中，原始农业、饲养业，甚至手工业陆续出现了。

在这里，人们的生产工具的材质扩大到骨、陶、角、蚌等材料。但是石头工具仍然占据工具中的大多数，石斧、石锛、石铲、石凿、石刀、石钻、石球、石敲砸器、石臼杆、石砚、石弹丸、石锥、石砍器、石磨盘、石磨棒、石镞、石网坠、石纺轮等足足有三十多种。陶器也是生活用器的主要种类，因为村落有自己的窑厂，姜寨在漫长的原始社会时期发展出了丰富多彩的制陶艺术。迈入龙山文化时代之后，姜寨的陶器一下子从粗笨、拙朴变得彩绘艳丽、造型多变、花纹丰富起来。人们先采集五颜六色的贝壳、赭石，然后在石磨盘上研磨成粉，并将粉末调制成熟悉的色彩，最后在陶器上绘制成人面纹、鱼纹、几何纹、网纹、鸟纹等几十种纹样。陶器有钵、罐、盆、碗、尖底瓶、瓮等大小不一的器型，小器型用于汲水和用餐，大器型则用来储存食物。

以姜寨遗址所传递的仰韶文化半坡类型文化为代表，它为我们展示了距今六千六百多年前，沿用了二百多年的原始社会民俗生活的画卷。村落社会那种布局规整，依山傍水，人们分工明确、功能齐全、自给自足的经济生活，还有成片分布的墓地，按原始信仰纵横交错排列的精神文化现象，无不向我们展示了一幅形象生动的氏族社会民俗图景。在姜寨，原始社会的先民们与青山绿水为邻，不但听得到鸟儿的啼鸣，还可以看到撒欢儿的家畜和袅袅的炊烟。农闲时，人们到丛林之中采摘浆果，捕捉野兽。人们还会将富余的粮食储存起来，将野兽畜养起来。按照民俗传统，族长会定期召集大家在神堂或中心广场聚会，除了商讨世俗事务，有时还要举行祭祀活动。在大多数太阳落山的夜晚，篝火会冉冉升起，鼓声伴着歌声弥散在繁星笼罩的夜空。人们在歌声里拉着手，跳起欢快的舞蹈。

需要说明的是，以上内容都是结合近代考古工作者对文物的发掘而描绘的先民的物质民俗生活图景。实际上，通过文物和部分后代的文献，我们对先民的精神世界也能有所了解。

因为那个时代生产力低下，所以先民们对世界万物产生了很多疑惑。例如，天、地如何生成？黑夜和白昼怎样分开？人类从哪里来？对于这些问题先民们无法得到科学的解答，便将世间万物“拟人化”，由此，在神话传说中流传着许多与人相关的奇特故事：盘古开天辟地、共工怒触不周山、女娲抟土造人又补天、伏羲与女娲的兄妹配婚、大禹治水、后羿射日，还有鸟喙、有翼、捕鱼的讙头国，虎齿、豹尾、披发、擅啸的西王母……传说故事的流行在一方面使先民的疑惑得到解答，在另一方面使先民对世间万物产生了原始崇拜，原始巫术和宗教就此产生。

西王母的画像

在考古发掘的很多文物中，先民们的这种精神民俗生活体现得非常明显。例如在红山文化中发现的大量玉器中，我们就可以看到先民们的精神世界。红山文化主要分布在我国东北地区的西南部。在红山文化诸遗址中多有玉器被发现，其中凌源市牛河梁、三官甸子、喀左县东山嘴等遗址出土玉器较多，内蒙古自治区翁中特旗三星他拉、敖汉旗大洼，辽宁省阜新县胡头沟等处也有不少重要玉器发现。红山文化出土的玉器中多数为动物造型的装饰品，这是这一文化的显著特征。

考古学家们经过研究，确信这些玉器与当时古代居民的原始宗教、原始信仰有关。而且根据民族学资料，这些玉器与这一地区原始宗教中的萨满关系密切。萨满是通过施行昏迷术来作法的，作法时需要穿神服、戴神帽、敲神鼓，佩带神偶、钟、铃和彩带等，并且将以鸟、蛙、龟、蜥蜴、蟾蜍等动物为原型制作成的艺术品，装饰在神器和萨满神服上。在一些图书上记录有萨满神服的图样。按照萨满教的传统，萨满死后，生前从事萨满活动时使用过的神器、神物，包括神服、神鼓、腰铃、铜镜、神谕等，一部分随葬于墓中，一部分留给萨满的继承人使用。目前所见有明确出土位置的红山文化玉器，都是墓葬中的随葬品，这些墓葬的主人应该是当时的萨满。同时，绝大部分玉器上有一两个小孔或一至数对牛鼻式穿孔，可以缝缀于织物上作为装饰物或直接穿绳佩挂。出土时玉器位于墓主身体的胸、腹、腕、头部或被握于手中，这些特点都与萨满神服上的饰物或佩带的法器吻合。因此，它们可能是萨满神服上的神器，是萨满活着的时候行神事时的法器，在萨满死后随之入葬。

现代艺术家笔下的萨满形象

又如广泛分布在我国北方地区的龙山文化中，

考古学家发现了极具特色的蛋壳陶杯。蛋壳陶杯是一种做工精致、造型小巧、外表漆黑黝亮、陶胎薄如鸡蛋壳的黑陶。其中蛋壳高柄杯为龙山文化的一种代表性器物，这是一种专为祭祀用的器皿，多见于较大型的墓葬中。蛋壳陶杯因为很薄，所以不适合做普通酒器、生活用器等实用器，而且这种器物只在身份尊贵的墓主人的墓葬中被发现，考古学界便将它视为一种用于祭祀的礼器。蛋壳陶杯因为重量轻、壁薄、易碎，平时需要小心保存，往往在重大节日或祭祀活动才将它拿出来使用。礼器的出现，与精神领域的宗教信仰有着密切的关系。

炎帝、黄帝之后，中国历史进入了传说中的“圣贤时代”，也就是尧、舜、禹所在的历史时期。在尧、舜、禹之后，中国社会才真正迎来了有文字记录的“信史”时期。从夏代至晚清，是中华文明的古代历史时期，关于这一时期民俗文化的发展变迁，我们在下一节着重论述。

第二节　古代文明与民俗变迁

美国学者斯塔夫里阿诺斯曾在《全球通史》中写道：“中东、印度、中国和欧洲这四块地区的肥沃的大河流域和平原，孕育了历史上最伟大的文明。这些文明使欧亚大陆成为起重大作用的世界历史中心地区。更明确地说，中东的文明中心包括尼罗河流域、底格里斯河和幼发拉底河流域及伊朗高原……中国的文明中心是黄河流域和长江流域。”

事实的确如此，当遥远的埃及、富饶的美索不达米亚平原上的古巴比伦，以及毗邻我们的印度，都已萌发了自己的文明时，在亚洲东部，在波涛万里的太平洋和高耸入云的帕米尔高原之间，中国人的先祖也沿着黄河、长江、辽河、海河、汶河等大江大河，创造出了属于黄皮肤、黑眼睛种族的华夏文明。

很久以后，生活在辽阔大地上的中国人认为自己生活在世界的中央地带，所以自称“中国”。这块大陆气候宜人、物产丰富、资源富足，使得中国人由衷地赞美这片土地的美丽富饶，因此也自称“中华”。随着后世礼乐制度的完备，西周时期人们已经把中原地区的族群称为“夏”，春秋时期改称为“华”。汉代以后，“华夏”就变成了中国的代称。唐代的经学大师孔颖达在《春秋左传·正义》里又进一步解释说：“中国有礼仪之大，故称夏；有服章之美，谓之华。华夏一也。”

“中国”“中华”“华夏”等概念的形成与中国古代的“大一统”倾向有着密切的关系。从先秦到晚清，在长达两千多年的时间里中国经历了多次大型民族融合和国家统一，中国民俗文化的基本形态由此定型。尤其在汉武帝采纳董仲舒的建议施行“罢黜百家，独尊儒术”政策后，儒家思想占据了支配地位，在对待民俗事项的观念上，出现了正统与非正统的分野。不同阶层民众的民俗文化也表现出阶级、阶层的诸多差异。在此我们以时间顺序梳理中国古代民俗的基本情况。

在先秦时代，因为受到史前时代民俗的影响，笼统地讲这一时期的民俗文化可以定义为连接史前民俗和古代民俗的纽带。夏、商、周三代，已经被称为“礼治时代”，“凡民之事，莫不出于礼”(《新唐书·礼乐志》)。礼治时代又可分为两个阶段，夏礼和商礼的主要功能是事鬼敬神。周灭商后，辅政周武王、周成王的周公旦为了巩固新成立的周政权，对以往的宗法、传统习惯进行补充、调整、剔除，制定出一套以维护宗法等级统治制度为中心的行为规范、典章制度、礼节仪式。这一历史事件又被称为“周公制礼”。周公制礼之时注意吸取前朝灭亡的教训，认为“不可不监于有夏，亦不可不监于有殷”(《尚书·召诰》)。周公认为不能过于信奉看不见摸不着的天命、鬼神，要更加重视人的力量，这使得周公所制之“礼”的关注点从事神转向治人。对于这一做法，孔子大为认可，赞叹道：“周监于二代，郁郁乎文哉！吾从周。”(《论语·八佾》）意为：周代的礼仪制度是借鉴夏朝和商朝定的，多么

孔子

丰富完备啊！我主张接受周代的礼仪制度。因此孔子视周礼为行事之根本，视周公为亘古未有之圣人。

在孔子的倡导下，“礼”制逐渐被后世统治者接受，成为制度化的国家礼仪的代名词。先秦时期的民俗文化有“礼”与“俗”密不可分、提倡移风易俗等特点。首先是“礼”与“俗”密不可分，在先秦时期“礼”与“俗”还没有分化，有些“俗”就是“礼”，有些“礼”就是“俗”。产生这一现象主要是因为此时期虽然出现了阶级的分化，但因为整体生产力的限制，上层贵族和普通民众之间在生活的各个方面差异并不大。而且秦代之前，皇帝制度并未建立，并没有出现专制主义中央集权的国家体制，所以“礼”与“俗”的对立和界限并不明显。提倡移风易俗是因为国家统治者看到了民俗文化对一个地区、一个国家的重要作用。先秦时期有远见卓识的人对民俗有非常充分的认识，重视民俗的社会作用。作为统治者在管理政权时，能够审时度势，制定相应的民俗政策。

周朝以后，国家有意识制定的“礼”与民众自发形成之“俗”产生碰撞，“礼”与“俗”的对话就此产生。相传在周公刚完成制礼之后，齐国与鲁国处理“礼”与“俗”关系就出现了不同模式：

> 鲁公伯禽之初受封之鲁，三年而后报政周公。周公曰：“何迟也？”伯禽曰：“变其俗，革其礼，丧三年然后除之，故迟。”太公亦封于齐，五月而报政周公。周公曰：“何疾也？”曰：“吾简其君臣礼，从其俗为也。”及后闻伯禽报政迟，乃叹曰：“呜呼，鲁后世其北面事齐矣！夫政不简不易，民不有近；平易近民，民必归之。”（《史记·鲁周公世家》）

这则史料说的是，封地在鲁国的伯禽革除当地传统之“俗”，推行国家范围的“礼”，因为任务量浩大，三年才“报政周公”。而封地在齐国的姜太公简化了君臣之“礼”，沿袭了齐地旧有的风俗，五个月便“报政周公”。周公认为顺应民之“俗”能够得民心，过度推行“礼”反而不利于维护统治，由此周公得出结论：鲁国发展不如齐国，将会臣服于齐国。后来的历史的确证实了周公的观点，齐国的发展势头日渐强于鲁国。到战国初期鲁国越发羸弱，而齐国成为战国七雄之一。这个例子契合了古人在强调以礼义教化的同时，又强调不要过度干预民俗的思想，正所谓“君子行礼，不求变俗”。同时也说明了“周礼”制度出现后不久，有关“礼”与“俗”的互动就开始了，并且这种互动持续至今。

秦汉时期至魏晋南北朝时期是中国传统经济、社会、政治模式定型的时代，是中国传统文化发展的重要时期。

从先秦时期、春秋战国时期几百年的战乱到秦、汉中央集权制王朝建立的过程是一个民族大融合的过程，战乱中不仅出现了各诸侯国之间的人民迁徙、文化交流、风俗融合，而且少数民族的民俗也点点滴滴渗透入中原民族的民俗文化的血脉中。民族的大融合促成了民间习俗的大融合。在这一时期，“礼”不再是单纯的祭祀行为，而成了规范社会并维持社会新秩序的普遍法则。神权、族权、政权在礼的保障下得到巩固与强化。文化重心不断迁移的夏、商、周三代文化，在经过春秋战国的文化大碰撞大交流之后，在秦朝进行了统一。但由于秦立国时间短暂，真正的文化统一时代出现在汉朝。汉武帝时期，中国本土文化性格初步形成。经东汉和魏晋南北朝的发展，中国文化体系得到进一步的巩固。此后，中国文化形态的变化，是在汉魏文化基础上的扩充与发展，汉魏以来的精神文化传统成为维系中国社会的重要力量。民俗文化是民族的基础文化，是维系民族共同体的基石，汉魏时代是中国民族文化奠基的时代，也是中国民族文化性格形成的时代。从文化性质看，这一时期正经历着一个大的文化转变。上古时期简朴、多元、神秘的文化面貌正逐渐向繁复、统一、世俗的文化新形态演进。

当然，这一演进是艰难而缓慢的，文化的演进与政治的更迭有一定的关系，但它主要是与社会经济结构的变化相关。并且，文化的变化是在社会经济形态变化到一定程度时的变化。汉魏时期，中国民俗具有以下特点：第一，物质生产与生活有了明显的进步，消费观念、消费趣味多样化；第二，宗族组织与民间区域组织发展，形成较为稳定的社会组织共同体；第三，传统民间信仰浓郁，新兴宗教信仰流行；第四，初步形成了中华岁时节日文化体系。岁时节日文化是古代民俗文化的重要内容，它通过周期性的循环，不断地传承与强化着民族成员之间的文化联系。中国地域辽阔，民族众多，由于文化同源与文化交流，以及共同的社会生活的需要，岁时节日大同小异，基本上遵循着四时八节的时序框架。中国的岁时文化体系定型于汉魏时期，汉魏民俗文化的丰富与活力同样激发了当时人对民俗的关注与思考。

经历了魏晋南北朝数百年的混乱，隋唐时期是中华民族由分裂走向统一的时期。这一时期的民俗文化的发展更多体现出社会整合的作用。随着隋唐政权的统一，民俗文化又逐步统一。与前段历史更为相似的一点就是民族大融合。民族大融合

唐三彩骆驼载乐俑

为民俗传统不断注入新鲜的血液和生命的活力，从而使中国民俗文化发展到一个崭新的历史阶段，并呈现出五彩缤纷的迷人魅力！而且，民族融合与民俗文化的融合在隋唐三百多年间一直持续发展。隋唐时期民俗文化的融合趋势不但体现在国内各民族的交流上，而且还体现在中国与其他国家民族的融合中。在李唐王朝时期这种融合达到鼎盛，我国以东的日本、朝鲜派遣大量遣唐使来学习唐朝的民族文化，西部胡人以商人群体为主与唐朝进行密切的商业往来，这些都促进了中华民族与其他民族的民俗文化融合。

一定历史阶段的民俗与当时社会生产力和社会经济发展水平紧密相关。在战乱频繁、百业凋敝的历史时期，普通的民间风俗不可能太讲究，诸如婚丧嫁娶中的礼仪，甚至年节庆祝等民间风俗都可能一切从简，受经济条件所限民间风俗不可能大兴奢侈之风。到了隋唐时期，中国封建社会的经济发展到了一个空前繁荣的阶段。隋王朝虽然短暂，但隋文帝开创了“开皇之治”，十多年间，人口的增加、农田耕种面积的扩大及灌溉水利的兴修，使隋代府库丰盈，为历代封建社会史学家所赞许。

隋唐时期也是中国封建社会文化艺术高度发达的历史阶段。在唐代文化艺术的百花园里，唐诗达到了我国诗歌艺术的巅峰；隋唐的文章一扫魏晋的绮靡之风，恢复了秦汉文章刚健质朴的传统；唐传奇已具备近代小说的雏形；隋唐书法成了后世百代的范式。隋唐时期，在建筑、雕塑、音乐、舞蹈等领域也涌现了许多一流人物，一大批艺术大师犹如泰山北斗，璀璨群星，创造了大量的经典作品，光照古今。艺术大师们以蓬勃旺盛的创造热情，树起了一座座难以企及的艺术丰碑。从民俗研究的角度看，隋唐时期的艺术家创作的作品既是研究的对象，也是研究的资料，艺术作品中能反映出大量当时的民风民俗。特别是在百花齐放的文学艺术领域里，唐诗以辉煌的艺术成就彪炳史册，最为光彩夺目。隋唐科举取士给文化人开通了仕途，使“朝为田舍郎，暮登天子堂”成为可能，激发了无数士子的从政愿望，让他们对人生前途充满了信心和不懈的热情。

与隋唐时期相似，宋辽金元时期的民俗也呈现出浓厚的区域性特征。陈寅恪先生认为“华夏民族之文化，历数千载之演进，而造极于赵宋之世”。宋朝不但是中国古代历史上经济发展的一大高峰，在文化上也有极高的建树，宋词与唐诗并称为古代文学两颗璀璨的明星。宋朝的版图虽然远不及汉、唐，但其所管辖的区域仍然相当广阔。俗语云：十里不同风，百里不同俗。形象地说明了民俗的地域差别。在赵宋王朝统治范围内，各地区民俗存在很大的差异。

南宋《蚕织图》

以节日民俗为例，寒食是宋代民间非常重要的节日之一，据说该节是为了纪念介子推而逐渐形成的。介子推与春秋时期晋国公子重耳患难与共，辅佐重耳回晋国，但事成之后，介子推隐居山林，拒绝荣华富贵。正因为这是起源于晋国的民俗，宋朝河东（今山西）地区格外重视寒食节，清明节前两日几乎家家户户都不生火，严格遵循长期以来流传下来的“冷食”习惯。相反，在我国东南地区，根据宋人记录的资料显示，民间几乎不知有寒食节，更遑论过这样的节日了。再如在南方水乡地区，尤其是在屈原故里，当地人对端午节有着特殊的情愫，纪念活动也就格外隆重，而在广大的北方地区，普通百姓对这个节日的重视程度明显不及南方。这些事实表明，各个地区的民俗并不是整齐划一的，而是千差万别的。因此，区域性是两宋时期民俗的重要特征。就宋朝而言，很多民俗事项是继承前代而来的，不少甚至是中华民族的祖先代代相传的，宋人无非是加以沿袭而已，如祭祀神灵的活动和仪式就是如此。然而，随着时代的发展，原来流传下来的民俗被赋予了与其时代相应的新内涵。

宋辽金元时期，民俗现象复杂多样，丰富多彩，这也是这个时期民俗最为重要的特征。宋朝境内各种民俗同时存在，有些是全国性的，也有些是区域性的；有些民俗具有普遍意义，有些则是有着某种特殊的含义。即便是同一种民俗各地也有着不同的外在表现形式，更不用说每个地区都存在有别于其他地区的独特民俗了。另外，这个时期的民俗具有很强的传播性，各民族的民俗相互融合，如契丹、党项、女真等民族，他们在保持本民族传统的同时，又在不断吸收汉族的民俗；汉族也同样会接受少数民族的风俗习惯。而且，无论是原有的民俗，还是新出现的民俗，都会对一个民族不断地产生影响。正因为如此，宋辽金元时期的民俗具有强烈的多元化特征。以民间信仰为例，宋代民间除了佛教、道教等宗教外，还有多种信仰，如巫术、风水、鬼神，等等。对于不同的人而言，精神生活是完全不同的，因而他们的信仰也千差万别，很多人甚至有着多种信仰。在这种情况下，民俗不可能是单一的，而是相当复杂且多姿多彩的。

明、清是中国封建王朝的最后两个朝代，也是中国古代民俗文化的最后的绝唱。明清时期在中国历史上具有特殊的历史地位，从历史进程看，它既是皇权终结的时代，也是传统社会向近代社会递嬗的变革时代。一方面，我们看到的是古老帝国的夕阳西下、专制王权的登峰造极、政治体制的僵化、管理的松懈与工作效率的低下，以及由此产生的精神涣散与混乱。另一方面，我们发现知识阶层已经敏感地察觉到时代巨变的到来，他们从不同的角度对传统文化进行整理与总结，在帝国的夕阳中呈现出红霞满天的文化硕果。在民俗生活领域，虽然我们难以见到特别明显的时代标志，但我们从民俗生活的细微变化中同样可以感觉到明清时期社会民俗的新特点：除了传承古老的生活传统，民俗生活空间空前广阔，社会生活中的民俗元素特别活跃，人们的生活情趣与生活选择丰富多样，这些都是前所未有的历史性变化。

明清民俗史是中国民俗史的重要环节。明清民俗史从概念上来说，关注的是明清时代民俗文化发展演进的过程，是对明清各类民俗事项的描述与理解。明清民俗史的各部类间有着相互关联的内在联系，同时又与民俗的历史传统有着前后承继的关系。总体而言，明清民俗文化有以下三个特点，分别是：民俗仪式和民俗文化的内核更为扩大和丰富，民俗信仰与人民生活结合更为紧密，城市民俗的娱乐性特征更为突出。

第三节　近代文明与西俗东渐

自18世纪60年代开始，发源于英格兰中部地区的工业革命开始波及整个欧美国家。特别是18世纪末19世纪初，英国人瓦特改良蒸汽机以后，以机器取代人力、大规模工业化生产取代传统手工生产为标志的“机器时代”成为推动人类历史前进的车轮，蒸汽机、火车、轮船、煤炭、钢铁等成为推动文明发展的全新要素。随着西欧各国工业文明和市场经济的发展，以欧美国家为代表的西方社会率先向近代化转型。至19世纪中叶，英国率先实现了从农业文明向工业文明的跨越。

晚清时期私塾里学生给老师行礼

当西方国家轰轰烈烈地开展工业革命的时候，腐朽没落的清政府还在做着“天朝大国”的美梦，不仅制度文明腐朽落后，社会文化也沉睡在自诩为具有“上古遗风”的愚昧状态中。19 世纪初，英国成为世界上最强大的国家，在全世界范围内建立了“日不落”帝国。帝国主义国家逐渐将侵略的目标瞄向了中国。随着鸦片战争的失败和一系列不平等条约的签订，中国陆续爆发了洋务运动、太平天国运动和辛亥革命，中国社会性质发生了根本性变化。

体现在社会文明领域，国外的先进文化开始传入中国，西方的生活方式全面渗透到中国人的近代生活中，民主、自由、平等的思想在国内悄然传播并直接冲击了男尊女卑的封建思想。这时期体现在社会生活领域的变化，带有浓厚的半殖民地半封建色彩。尽管如此，受西学东渐的影响，中国社会的风俗无疑发生了重大变化，逐渐适应了近代化的步伐，这对中国社会的进步、发展产生了革命性的影响。

工业化所代表的城市文明严重冲击着传统的家庭制度，封建家长制的枷锁在变动的社会秩序中被质疑和挑战，以家族利益来绑架个人婚姻的社会基础发生了根本动摇。不仅如此，工业化还带动了社会分工的多元化，不但男子走进工厂，开始进入社会谋生，女性也逐步摆脱家庭的桎梏做工谋生，经济独立性的增强又进一步减弱了人们对原生家庭的依赖。在思想上和行动上，封建家长制对青年的控制逐步消解。晚清时期，以男尊女卑、父权社会、礼制思想为核心的旧式婚姻制度因此走向解体和崩溃。

孙中山先生曾说，“世界潮流，浩浩汤汤，顺之者昌，逆之者亡”。1912 年，中华民国宣告成立，封建专制制度在国家政治层面正式解体。以婚礼和葬礼为代表的人生仪礼，在中国从封建社会向近代文明的转变过程中，最先受到冲击和改造。相比较而言，无论是在当时还是后世，以工业革命为代表的西方文明，对晚清时期婚礼的影响相对深刻而广泛，对葬礼的冲击则更多停留在局部范围和浅层次方面。与清政府治下的礼俗变化相比，太平天国运动对礼俗的改革则显得更加剧烈和深刻。

鸦片战争前后，腐朽落后的清政府面临着风雨飘摇、社会急剧动荡的局面。在 1850 年末到 1851 年初，由洪秀全、杨秀清、萧朝贵、冯云山、韦昌辉、石达开等人组成的武装起义集团，以洪秀全创立的拜上帝教作为组织力量，在广西金田村发动了反清起义。这场起义以迅雷不及掩耳之势蓬勃开展，起义军在短短的两三年后攻占了中国南方的重要城市江宁（今江苏南京），并定都于此，改称天京，正式建立了“太平天国”。

太平天国黄底绣龙马褂

在中国近现代文明变迁的历史进程中，太平天国在风俗习惯上表现出了一种明显对抗清政府统治思想的倾向，尝试建立了一套反叛、颠覆传统封建秩序和礼教制度的革命化习俗。这种探索成为中国近代史上的一道独特的风景线，给这场农民起义赋予了社会改造的革命意义。当我们深入声势浩大的农民起义的内部世界，观察这场意义非凡的太平天国运动，不难发现它在生活方式和传统习俗方面给其统治下的民众带来的冲击。

太平天国运动针对传统风俗的改造几乎全部是围绕颠覆清朝封建制度的目标展开的。

在发型上太平军倡导蓄发不剃头，试图恢复清朝之前汉族将头发束在头顶上的传统制度。汉族自古以来就重视衣冠服饰，要遵从儒家的礼仪制度。《孝经》上说：“身体发肤，受之父母，不敢毁伤，孝之始也。”强调男子成年之后就不能剃发，贵族男子要行“冠礼”，即把头发绾结成发髻盘在头顶上，类似今天出家道士的发式。但是满族男子的发型与中原地区差别极大，他们往往把头顶前颅的头发剃光，甚至在清朝早期，强调只留茶杯大小的一块头皮上的头发，然后将这一束头发扎成一根垂在脑后的辫子。在太平天国的占领地区，太平军强制推行“禁头令”，即严禁剃发蓄辫。除了对往来于占领区和清政权统治区的商人网开一面，发放“剃头凭”以外，其他民众要严格执行。只不过此时社会形势与清初迥异，习惯了剃发蓄辫的民众反而不断反抗。

因此，围绕服饰习俗，要求国人恢复中原古制和“汉官威仪”，成了太平天国在生活文化方面的改革重点。由于太平天国按照拜上帝教的观念将清朝统治者称为“阎罗妖”，所以在清朝官场和民间流行的各种社交礼仪，例如作揖、打千、磕头等被视为“妖礼”而一律禁止。中国古代礼仪中的“长跪”礼，即两膝据地，以臀部着足跟、直身而跪的礼仪成为下级觐见上级时唯一尊贵的礼节。因为洪秀全创立的拜上帝教名义上信奉西方的基督教理论，所以太平天国在生活礼仪和思想观念的各个方面，都做了模仿西方社会的一些尝试。但是在日常礼仪方面，除了极少数懂外语的人在与洋人相见时学会了握手礼并用英文问好，在当时已经屡见不鲜的握手、脱帽、鞠躬、吻手等西方礼仪则没有在占领区普及。

在社会风俗和人伦关系的问题上，太平天国运动在试图打破男尊女卑的封建传统，尊重女性地位，追求男女平等的努力最为突出。一直到晚清社会，在中国封建社会传统礼教思想的束缚下，男尊女卑、重男轻女的思想深入人心。女人普遍被认为“无才便是德”，绝大多数女性都被剥夺了政治、经济、文化、教育等方面应该享有的种种权力。不少女性还被“裹脚”的封建恶习桎梏，女子在行动上受到陈规陋俗的严格约束，将

“大门不出，二门不迈”，以及“夫唱妇随，相夫教子”“嫁鸡随鸡，嫁狗随狗”等封建思想奉为天经地义的行为准则。因此，在封建社会生活中，广大妇女实际上是处于一种受贬低、受压迫、受摧残、受奴役的附属地位。太平天国运动在试图推翻旧政府，建立新世界的同时，也使中国妇女的地位得到某种程度的改善。

洪秀全接受了西方自由平等的思想，强调男女是平等的兄弟姐妹。在金田起义时期，洪秀全创立的拜上帝教就宣传“天下多男人，尽是兄弟之辈；天下多女子，尽是姐妹之群”。不仅如此，在经济生活上，太平天国的土地制度还规定女子跟男子一样，每个人都有权获得一份同样面积的土地。妇女不仅有经济地位和参加集体活动的自由，而且还可以参加军事斗争。

太平天国运动在民俗生活领域的变革，尤其突出表现在对封建婚姻制度的猛烈冲击。在金田起义的初期，洪秀全在继承中国古代朴素平等思想的基础上，吸收了平等、博爱思想的进步因素。根据现实军事斗争的需要，太平天国运动的领袖们对传统的家庭婚姻形态进行了革命性的变革。

太平天国最早提出新婚姻制度的理念体现在洪秀全颁布的纲领性文件《天朝田亩制度》中。其中规定“凡天下婚姻不论财”“凡二十五家中所有婚娶弥月喜事俱用国库，但是限式，不得多用一钱”。这些规定体现出了废除买卖婚姻、反对婚姻铺张浪费和文明进步的积极取向。

此外，针对当时社会上盛行的赌博、嗜酒和吸食鸦片的社会风气，太平天国花费了很大力气予以禁绝。在金田起义时期，洪秀全就印刷了《百正歌》《原道救世歌》《原道醒世训》《原道觉世训》等拜上帝教的宣传读物。其中，在《原道救世歌》的第六部分洪秀全写道：“第六不正为赌博，暗刀杀人心不良。戒，戒，戒！理不当。求之有道得有命，勿以诈骗坏心肠。……他若自驱陷阱者，炼食洋烟最癫狂；如今多少英雄汉，多被烟枪自打伤。即如好酒亦非正，成家宜戒败家汤；请观桀纣君天下，铁统江山为酒亡。”在起义成功后，洪秀全又以军规戒律形式明确吸食鸦片和饮酒的后果，例如：“不得吹烟、饮酒”“赌博、买票皆是犯天条”。在占领南京后，东王杨秀清还发布诰谕，提出“自谕之后，仍还有私自饮酒者”，将“斩首示众”。洪秀全的族弟，同时也是太平军的军师和干王洪仁玕则明确提出：“禁酒及一切生熟黄烟、鸦片。先要禁为官者，渐次严禁在下。”意思是说先从官员开始再至普通百姓，循序渐进地改变当时的这种不良习俗。客观地说，因为当时一些不良社会习气的根深蒂固以及地主阶层的坚决抵制，太平天国运动在短暂的存在时间里并不能切实有效地改革社会时弊。但由于这些陈规陋俗被广大老百姓深恶痛绝，这些改革政

太平天国发行的钱币

策受到了人们的热烈拥护，在太平军占领地区有力地打击了这些腐朽、落后的保守势力和力量。

当然，洪秀全领导的太平天国运动在社会风俗方面的改革也不总是一贯正确的。洪秀全创立的拜上帝教，除了具有军政合一的色彩，还将拜上帝教定为国教，试图将政治和宗教结合起来。但是这种盲目学习西方国家的行为并没有深刻理解和把握西方社会发展进步的实质。这是因为，以欧美国家为代表的西方世界文明，它们的文明进步和社会发展，绝非建立在基督教的宗教基础之上。西方国家所经历的漫长的中世纪黑暗，恰恰是宗教原因桎梏了社会的进步发展。生产力决定生产关系，生产关系反作用于生产力。正是伴随着工业革命产生的资产阶级革命突破了落后生产关系的困扰，欧洲国家基本实现了政治和宗教的分离，才能够在18世纪60年代以后取得了经济腾飞和近代文明的发展。洪秀全只是看到了欧美国家的文化表象，却不懂得近代西方文明背后的生产力、生产关系等更根本的关系要素，自然找不到救国的真理。

鸦片战争前，帝国余晖下的清政府还是一个独立自主的封建王朝。到了18世纪后期，曾经风光无限的大清帝国，逐渐变得像是一艘庞大无比却又严重老化的巨轮，同时它的统治阶层像是盲目无知却又高度自信的船长、大副和水手。此时，政治腐败、经济衰退、土地兼并、军务废弛、社会动乱，清政府的统治危机四伏。在鸦片战争以后，中国社会各阶层不得不“睁眼看世界”。此时，资本主义社会在经济、政治、军事、文化和科技方面都已经远超中国，英、美、法、德、意、日等列强迈入了高度发达的近代文明，他们早已不是当年的“化外之民”和“蛮夷之邦”。在社会风俗上，从意大利文艺复兴兴起，经过宗教改革、启蒙运动、资产阶级革命和工业革命等社会运动改造的进步观念成为西方社会的主流价值，自由、平等、博爱等精神深入人心。随着西方文化的侵入，这些具体体现在制度、观念、器物等各方面的西方文明给长期固守封建伦理道德观念的中国人以极大的精神震撼。

随着帝国主义全面渗透，以资本主义生活方式、生活趣味、审美风格和价值观念为导向的西方文化全面侵入中国社会。这种“数千年未有之大变局”深刻影响了本土文化的方方面面，让在中国沿袭了二百余年的“满汉交融”的汉族服饰和饮食习俗呈现出土洋混杂、求新趋变、新老并陈的复杂生态。从此时开始，中国传统社会的衣食住行，乃至器用、交通、娱乐、体育等风俗，都不同程度地受“西风东渐”的影响，进而呈现出中西合璧的特色。

古人说：“世异则事变，事变则时移，时移则俗易。”当历史的车轮前进到近代社会的时候，曾经辉煌无比的“康乾盛世”一去不复返，中华文明赫然在工业革命造就的坚船利炮面前遭逢了“数千年未有之大变局”。从晚清时期开始直至新中国成立之前，不仅中华文明的地位急剧下降，而且沿袭了几千年的生活文化、民俗文化也经受了工业文明和近代思想的全面洗礼。社会生活文化层面的变革不仅在晚清、民国时期表现得十分快速而剧烈，而且“西俗东渐”的影响还随着全球化的进程一直延伸到了21世纪。

综上，我们可以看到近代习俗的演变除了受到民俗文化本身发展规律的影响，它更多与政治时局、社会文化有更加密切的联系。1840年后，中国与西方的多次碰撞中，清政府的腐朽、落后已经为世人所知。要想实现国家的富强和民族的复兴必然要反对清政府的昏庸、保守，而对于百姓而言，从他们日常生活中接触最多的方面下手最为直接也最为简单。无论是缠足还是蓄辫都代表着保守、守旧。因此变革中国旧俗、接纳西方新俗的过程同样也是反对晚清落后文化，追求近代先进文明的过程。因此，在考察民俗文化尤其是近代民俗文化时，我们不能将之孤立看待，必须与当时的社会时局、天下大势、近代文明的发展相联系。正是在1840年以来众多仁人志士追求中华民族伟大复兴努力之下，实现了民俗文化的现代化和文明化。

第二章

中华文明的民俗类型

仓廪实而知礼节，
衣食足而知荣辱。

——《管子·牧民》

关于“文明”的含义，不同时代可谓众说纷纭。关于“文明”的概念和标志，也是说法不一。美国人类学家摩尔根认为，“文明”与蒙昧、野蛮相对应，是人类社会发展中的进步状态。恩格斯在《家庭、私有制和国家的起源》一书中则强调，文明时代的第一种社会形式是奴隶制，这一时期出现了文字。还有学者认为，人类文明应当包含三个标志：一是在一定区域的聚落中已经有好几个互相联系的，人口至少在5000以上的城镇、集镇或城市；二是已有独立创造的文字体系或借用部分外族文字而形成的自己的文字；三是已有纪念性的建筑遗迹和进行仪典活动的中心场所，等等。欧美学界大多认为“文明”对于“文化”而言具有优先性。渔猎、游牧等人类文明的早期阶段，往往被涵盖在原始社会的范围之内，“文明”则用来专指现代社会或者比较发达的农耕社会、工商社会、消费社会，等等。

当进入文明时代后，中国无论在经济、政治还是思想上，都得到了长足进步与发展。与此同时，民俗文化也逐渐细化为生产民俗、生活民俗、精神民俗三部分。生产民俗主要包括渔猎、游牧、农业三大类型，维系着人们的正常生活；生活民俗是衣食住行、吃喝拉撒各个方面，关系着人民的生活幸福与否；精神民俗是在人们最基本的物质要求满足后，进而在精神领域产生的新要求，深刻影响着人类内心世界。本章就以这三部分为主要内容，从文明的具体表现形式展开讨论。

第一节　生产民俗：文明的物质基础

生产活动是人类文明诞生的物质基础。生产民俗是指一个国家、民族的特定地区、社会群体中的大众，在一定生态环境中所创造、享用和传承物质文化现象。它包括：农业习俗、渔猎习俗、游牧习俗等。生产民俗贯穿人类生产实践活动的全过程。我国的生产民俗包含的地域广阔、内容丰富、历史悠久，具有东方农业文化特色。物质生产民俗主要反映的是人与自然的关系。

民俗学大家钟敬文先生认为生产民俗的特征主要表现在四个方面：一是地域性，人民大众进行物质生产所形成的风俗习惯，依附于不同生态环境的自然条件；二是季节性，人与自然斗争，受自然规律的制约，从而形成随天体运转、气象变化而变化的季节性和周期性；三是功能性，物质生产民俗首先（或主要）是为了满足物质生活的需求，脱离这个需求的物质生产民俗是不存在的，它具有直接的功能作用；四是科学性，物质生产民俗是劳动人民在长期生产实践过程中，对生产对象及其规律长期观察、感受和思考的结果，具有一定的科学意义。

在我国生产民俗中，农业习俗居于中心地位。中国是历史悠久的农业大国，在某种意义上，中华文明是以农耕文化作为根基，在农业社会的文明体系中培育和发展起来的。从宽泛意义上讲，作为农耕文明的重要组成部分，农耕习俗是人们在农耕生产实践过程中，所产生的与农业生产之间直接或间接相连的物质文化和非物质文化表现形式的总和。一般来说，农耕习俗大致包括农耕技术、劳作模式、时间制度以及人们与农耕劳作相关联的一切信仰、禁忌、仪式等社会和精神文化活动。

作为万物之灵长，在“人猿相揖别”前后的很长一段时间，人类并不懂得种植庄稼和饲养牲畜。作为制度体系的“农耕文明”自然也出现得很晚。因此，母系氏族社会存在了很长一段时间，这与女性在生产力落后阶段擅长在自然界采集天然食物有重要关系。大约在一万年前，原始人在长期的采集和渔猎生活中，先后学会了种植和饲养，从流浪到定居，从狩猎野兽到驯化动物，随着聚落生活的出现，原始农业逐渐诞生了。相传，在远古洪荒时代，随着大风的吹拂、黄河的冲刷，华夏大地西北部的黄土高原就已经逐渐形成了。黄土高原地处黄河中上游与海河的上游，东边贴近华北平原，北面连接着内蒙古高原和西北风沙地区。它南北长约600公里，东西宽度达到了1300公里，跨越了6个纬度和13个经度，在中国北方正好处在了一个关节点的位置。

竺可桢先生

黄河流域的土壤呈黄色，黄帝的“黄”字就代表着黄土地。这里原始农业和中华文明的肇始，天然的与黄土地上的农耕习俗紧密联系在了一起。

考古学家认为，早在一百多万年前，黄土高原就出现了人类活动的痕迹。当时，作为中华民族主要发源地的黄河流域，气候还十分温暖湿润。今天的獐子、竹鼠和貉等只在长江流域多雨温和的环境下才能生存，而考古学家却在关中地区的仰韶文化遗址当中发现了这些物种的遗骸。我国著名的气象学家、地理学家竺可桢先生曾经发表过一篇引起学术界广泛关注的论文《中国近五千年来气候变迁的初步研究》，他认为，距今五千至三千年前，黄河流域的年平均气温比今天高出了2℃，冬季的温度则高出3℃～5℃，跟今天长江流域的气温基本相同。此时的黄河中下游地区地势平坦、水源充沛、土地肥沃、土壤疏松，十分适合农作物的种植和生长。因此黄河流域成了我国原始农业发生最早、生产最发达的地区。随着漫长历史时期中气候环境的演变，黄河流域的气候逐渐变得干燥，降雨量减少到年均400毫米～750毫米。因此，黄河流域作为我国原始农业起源的摇篮，在复杂的自然地理环境和气候变迁后，只能以种植旱作物黍、粟为主。

随着农业的发展，黄河中下游一带的人口日渐繁盛，先是在原始社会出现了西侯度文化、蓝田猿人文化、丁村人文化，又在旧石器晚期出现了峙峪文化、许家窑文化和河套文化等。在仰韶文化时代，随着人口数量的增长和物资消费的上升，人类仅凭简单的狩猎采集已经不能满足生存的需要。从此，原始畜牧业和种植业从黄土高原拓展到了中原大地。在这些地区，许多新石器时代的墓葬中都发现了“粟”（北方俗称“谷子”，去皮后即“小米”）的遗留物。与此同时，长江流域也开始进入原始农业阶段，许多学者认为这里的农耕文明丝毫不晚于黄河流域。

考古学家在长江中游发现的彭头山文化遗址中，发现了水稻种植和稻作文化的遗迹，它们距今将近有一万年的历史——甚至比磁山文化遗址、裴李岗文化遗址的原始农业遗迹还要早些。最值得引起注意的是，大名鼎鼎的河姆渡文化遗址就位于长江下游。在这里，考古学家发现了世界上最古老的人工栽培水稻遗迹。此外，除了有大量稻谷的遗迹，河姆渡还发现了用动物骨头做成的耒耜、镐等农具，以及猪、水牛等驯化后的家畜。等到了四千年至五千年前，水稻种植和水田文化不仅发展到了四川、湖北、湖南等地区，还逐渐蔓延到了整个长江中下游流域。在江苏、浙江、安徽、江西、湖北、湖南和四川等地，考古学家从新石器时代的遗址中还发现了芝麻、蚕豆、花生、甜瓜籽、菱角、核桃，以及石斧、石锛、石铲、石耜、石刀、石镰、石磨盘等石器和猪、水牛、羊、狗、鸡等家畜遗迹。不仅如此，在属于新石器时代良渚文化时期的浙江湖州钱山漾遗址中，既出土了陶器、骨器、玉器，又出土了一批绸片、丝带、丝线等尚未碳化的丝织物，以及麻布片、麻绳等麻纺织品。这些文化遗迹说明长江流域在新石器时代就出现了养蚕业和纺织业。

过去，人们总是认为长江流域的农耕文化是中华民族农耕文明的摇篮。可是愈来愈多的考古资料证实，从塞北高原、黄土高原到长江流域、黄河流域，中国农耕文明的发祥地有多个源头，农耕文化分布广泛，历史极其悠久。总的说来，小米产自黄河流域，而大米源自长江流域。中国黄河流域和长江流域农耕文明的产生，与尼罗河、恒河、幼发拉底河、底格里斯河流域等文明古国的原始农业几乎同步，难分轩轾。

历史学家们认为，人类的农耕文化自然要比旧石器时代的采集、狩猎活动要晚，但以人们开始种植谷物为特征，围绕着农田的培育增产，土地的用养结合，经过长期的生产实践，最终各主要文明古国都总结出了一套带有强烈地域色彩的耕作制度。

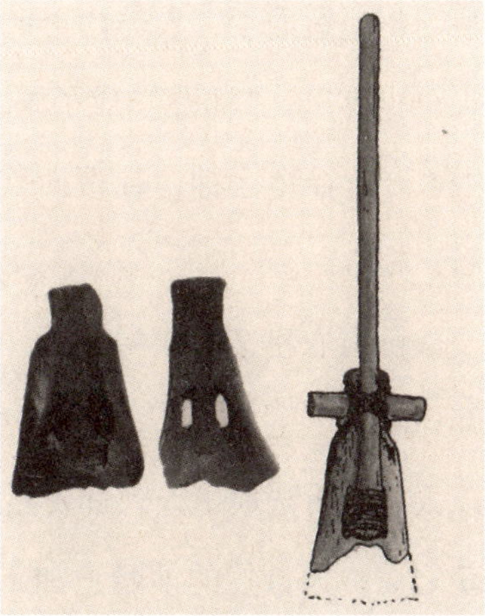

耒耜

其中，中国人的耕作制度体系完整，历史演变的脉络清晰，农耕生产的技术较为先进。中国人的农耕文明不但为人类社会发展做出了重大贡献，而且在全国各地逐渐衍生了一整套完整的时间制度和劳作模式，并且在漫长的历史长河中深刻影响了中国人的心灵世界和民俗生活。

自从原始农业出现之后，人类就从单纯的食物的消费者变成了生产者。人类不再只知道向大自然索取食物，而是将新生的人口投入劳动实践之中，让土地较为稳定地生长出更多的食物。从此，人类不必到处流浪，大家安下心来建造房屋、制造工具，女人可以同时养育更多的孩子。关于自然、动物、植物和社会生活的经验、知识也更加迫切地需要传递下去，从此知识生产和文化教育就成了人类重要的生活内容。就这样，农耕习俗应运而生，人类社会走上了自我进步的道路。因此，在汉语世界里，“社稷”成了国家的代名词。“社”是土地之神，“稷”是谷物之神，社稷所代表的农耕文化就成了国家的基石、根本。

随着农耕文化成为主流，土地交易需要丈量土地，几何学知识随即产生。此外，农作物的耕种和收获需要把握时间，所以天文和历法成了人人都要熟悉的经验。在土地耕种和作物收获之后，大自然的馈赠愈加丰厚，伴随私有制的产生，阶层、阶级陆续出现，劳动分工和时间制度的差别，使得舞蹈、音乐、绘画成为人们生活的重要调剂品。我国最早的诗歌总集《诗经》在《豳风·七月》中就描绘了一幅距今三千多年前，妇人们辛勤劳动的生活场景：

七月流火，九月授衣。春日载阳，有鸣仓庚。女执懿筐，遵彼微行，爰求柔桑。春日迟迟，采蘩祁祁。女心伤悲，殆及公子同归。

七月流火，八月萑苇。蚕月条桑，取彼斧斨。以伐远扬，猗彼女桑。七月鸣鵙，八月载绩。载玄载黄，我朱孔阳，为公子裳。

四月秀葽，五月鸣蜩。八月其获，十月陨萚。一之日于貉，取彼狐狸，为公子裘。二之日其同，载缵武功。言私其豵，献豜于公。

瓷塑：播种

这首诗歌是《诗经》国风系列之中最长的一首。诗人按照农事活动的季节性，向我们形象地描绘了这样一幅画面：七月大火星移向西方，九月缝衣天气变凉。等到了阳春三月天气变暖，枝头的黄莺啼鸣轻唱，一位姑娘手提着深竹筐，信步走在小路旁采摘嫩桑，喂养春蚕，纺麻织布，为意中人做衣裳。

作为一首非常著名的民谣、民歌或农事诗，整首诗的节奏和情绪都透露出一种先秦农业生活的乐观轻快。清代学者崔述评价说："读《七月》，如入桃源之中，衣冠朴古，天真烂漫，熙熙乎太古也。"具体来说，如果通观全诗，当时的天文气象、农时立法、昆虫鸟兽、植物庄稼，以及各种农活副业，例如养蚕、纺织、印染、酿酒、狩猎、冷藏、建筑、纺绳、裁衣、制革、修治农具等劳动场景，都以一种简洁明快的笔墨呈现出来。不仅如此，包括祭神、祝寿、庆典等与农耕生活相关的精神信仰和仪式活动，乃至活动的流程、器具、祭品、祝词等细节也都描述得十分精到，趣味盎然。它在展现出先秦时期人们农耕习俗的同时，还将底层民众的艰苦劳动和简朴生活与公子王孙的奢华也做了对比。这在某种程度上折射出，随着私有制发展，古人的生活世界面临着贫富分化的现实问题。

随着农耕文化的发展，最早从原始社会开始，位于北半球中纬度地区的中国人，就开始关注四季分明、冬暖夏凉的气候。随着生产力的发展，无论是渔猎还是农耕，人们对农事活动的时间性有了更高要求。因此，生活在中原地区的先民就率先通过观察太阳周年的运动，认知一年中时令、气候、物候等方面的变化规律，这些随着农耕生活实践产生的知识体系最终汇集成了一套精密、优美、特殊的农耕时间制度——“二十四节气”。

除了拥有基础性地位的农业习俗，渔猎习俗也是中国生产民俗的重要方面，在农业文明和后来的工业文明时期，采集、捕鱼、狩猎、畜牧、耕种等劳作模式都在不同程度地存在或延续。只不过，渔猎文化是以渔猎劳动为主，农业文明是以耕作劳动为主，而工业文明则以机器劳动为主罢了。

截至 2021 年 1 月，全球 230 个国家的人口总数超过 75 亿人。在总人口超过 75 亿人的地球上，依靠狩猎、捕鱼、采集野果或植物作为食物来源的人还有将近 50 万。当然，今天以渔猎作为主要生活资料来源的族群已经处于消亡的边缘。但在动物和植物被驯化之前的一万年间，地球上所有的人类都是依赖狩猎、捕鱼、采集为生的。共同劳动、平均分配是他们基本的生产关系和社会关系。在俄罗斯北部、西伯利亚和远东地区，也生活着人口数量稀少，从事传统的养鹿、狩猎、捕鱼和海洋猎兽的涅涅茨人、埃文克人、萨阿米人等 25 个世居民族，人口总数还维持在 20 万上下。

直到 20 世纪 50 年代，我国部分少数民族所在的地区，因为生产力水平极端低下、生产工具十分原始简陋，农业耕作方法停留在刀耕火种的阶段，狩猎、采集和捕鱼仍然是生活资料的主要来源。因此可以说，渔猎文化时期是人类文明的准备阶段和过渡阶段。

在历史上，我国西南、西北、华南等地都曾广泛分布着渔猎民族，1995 年出土于陕西省西安市的“人面鱼纹彩陶盆”就直观地反映了当时渔猎文化对人类生活的影响。

这件细泥红陶制成的彩陶盆，整体呈敞口卷唇状，口沿处绘着间断黑彩带，内壁用黑彩绘出两组对称人面鱼纹。彩陶内壁的人面画成圆形，嘴巴左右两侧分别布置着一条变形的鱼纹，鱼头与人嘴的外廓重合，仿佛是嘴里同时衔着两条大鱼。此外，在人面双耳部位也有相对的两条小鱼游在两侧，从而构成了别具一格的人鱼合体的形状。两张人面中间，还有两条大鱼相向游动，充分显示了原始先民丰富的想象力和艺术创造力。

在学术界，关于人面鱼纹的研究已经出现了三十多种观点，例如图腾说、神话说、祖先形象说、原始信仰说、太阳崇拜说，甚至是外星人说等。但无论哪种学说，几乎全都指出人面鱼纹彩陶盆反映了当时半坡人以采集、捕鱼、狩猎为主的民俗生活场景。一直到 20 世纪末，居住在中国北方的鄂温克、鄂伦春、达翰尔等少数民族还保留着许多渔猎习俗。这些民族自古以来就世代栖息在大兴安岭、小兴安岭和黑龙江流域，被称为我国北方的“森林民族”。他们和锡伯族、蒙古族、满族等一样，都曾经历了漫长的具有原始特征的渔猎时代，并各自创造了丰富多彩的，以“桦树皮文化”“兽皮文化”“萨满文化”为代表的渔猎文化。接下来，我们就以鄂伦春族人的渔猎文化为窗口，共同走近中华文明从渔猎文化向游牧文化和农业文明演进的历史进程。

在大兴安岭，鄂伦春族人有这样一首民歌：“高高的兴安岭一片大森林，森林里住着勇敢的鄂伦春，一呀一匹猎马，一呀一杆枪，翻山越岭打猎巡逻，护呀护山林。”如同全世界所有擅长采集、狩猎的原始文化一样，鄂伦春族人的渔猎文化源自大自然的馈赠。兴安岭分大兴安岭和小兴安岭。兴安岭是中国唯一跨越寒温带区域的山脉，也是闻名国内外的林海雪原。在这里，年平均气温零摄氏度左右，植物生长周期虽短，但是年降雨量十分充沛，以落叶松、樟子松、杉、白桦、黑桦、杨、柳等为代表的植被十分茂密，许多丛林甚至几千年间都少有人类足迹。

鄂伦春族男子形象

兴安岭壮丽优美的自然环境，成为各种野生动物的天堂。据统计，大兴安岭地区哺乳动物总计 6 目 16 科 56 种。其中寒温带代表性动物尤其丰富，有许多属于珍稀濒危种类。目前已被列入国家一级重点保护野生动物的有貂熊、紫貂、原麝等，国家二级重点保护野生动物的有棕熊、猞猁、水獭、马鹿、驼鹿（当地人称“犴达罕”“四不像”）和雪兔等。狍、野猪、天鹅、大雁、鹰、乌鸡、野鸭等的数量不计其数。在兴安岭的大森林中，不但栖息着几十种珍禽异兽，林间隙地、灌木丛中还生长着三百多种中草药材以及榛子、猴头菇、木耳等多种绿色食品。

独特的地理位置、自然环境、植被物产等条件塑造了鄂伦春族的狩猎、捕鱼、采集生产方式。大自然的馈赠是渔猎文化诞生的母体。丰沃的自然资源，富饶的山川、河流，这使得“棒打狍子瓢舀鱼，野鸡飞到饭锅里”成为鄂伦春族人渔猎生活的真实写照。直到20世纪50年代，鄂伦春猎人还凭借着一匹马、一杆枪游猎于兴安岭的深山密林中。他们的社会组织单元称为“乌力楞”，意思是“子孙们”“住在一起的人们”。乌力楞是一个自给自足、具有家庭公社性质的基本经济单位，实行生产资料公有、共同劳动、劳动成果平均分配的制度。每个乌力楞包括四至八个同一父系血缘关系的小家庭。乌力楞的首领叫作“塔坦达”，由全体部落成员共同推举产生，平时由他组织生产和分配猎物。由于长期保存着比较原始的原生态生活习俗，这片远离高速公路、远离现代文明的迥异于都市生活的地域，为研究人类早期生活、文化现象提供了研究范例。在这个意义上，鄂伦春族也被学者们称作“北半球渔猎民族的活化石”。

新中国成立前，鄂伦春族人主要以采集、狩猎和捕鱼为生。其中，狩猎是传统生产方式中最重要的活动。通过狩猎，鄂伦春族不但能够获得他们的主要食物——动物的肉和油脂，而且还能取得其他连带的生产资料，例如用作缝制衣物的兽皮，制作劳动工具的兽骨、兽角、兽牙等。

清代《皇清职贡图》描绘的鄂伦春男子形象

最初，鄂伦春人狩猎的工具主要是扎枪、弓箭，随着时代的发展，他们又学会了使用枪支弹药。他们在 17 世纪以前，生活在贝加尔湖一带的勒拿河上游，过着石器时代一般的原始狩猎生活。当时他们还没有掌握铁器的使用方法，只能以石刀剥离兽皮和桦树皮。需要用火时，就用两块石头打出火星，将桦树皮的干燥纤维或碎末引燃。后来，随着铁器的输入，鄂伦春人的狩猎生产有了较大的进步和发展。他们先后以驯鹿、马匹作为运输工具，捕猎时还会带着精心饲养的猎犬。猎犬不但是狩猎时勇猛的助手，而且还能依靠灵敏的嗅觉发现猎物，协助主人追猎受伤的野兽。到了冬季，兴安岭大雪封山，道路阻绝，鄂伦春人会戴上马尾眼罩，在腿上扎裹好滑雪板，继续在密林之中灵活游走，寻觅各种野兽的足迹。

长时间的渔猎生活，锻炼了鄂伦春族勇敢强悍的性格，积累了丰富的山林生存技能。他们对兴安岭的草木、珍禽、野兽了如指掌。即便是遭遇多云、阴天、大雪等恶劣天气，鄂伦春人也可以凭借经验准确地判断山脉、河流的走向。因此，尽管没有指南针，鄂伦春人迷失方向的情况也很少发生。除了狩猎活动，鄂伦春族还普遍掌握了各种在河流、溪水之中捕鱼、采集的本领。鄂伦春人捕鱼的工具都是就地取材，捕鱼方法简单有效。

在各种捕鱼活动之中，“挡梁子”是鄂伦春族人最擅长的集体协作方式。在春天，随着冰雪融化，鱼会从大河逆水上游到小河产籽。到了秋天，因为河水暴涨，大鱼也会顺流而下，游到大河准备过冬。经过长期观察，鄂伦春人掌握了鱼类活动的规律。他们一般选择小河狭窄与水浅处，用柳条编的篱笆筑起一道坝，把篱笆固定在打下的一排木桩上，在坝端或两块篱笆接头处留一小口，置一簸箕形柳条筐。挡好后，早晚各去看一次，将进入筐内的鱼捞回。这种集体协作的捕鱼方式被称为“挡梁子”。按照风俗，挡梁子采用了团队协作的形式，捕捞结束后，捕获的鱼要平均分配。此外，除了集体捕鱼，鄂伦春人还经常划着桦皮船，使用鱼叉捕鱼。

在狩猎、捕鱼以外，通过采集得来的各类野菜、果实或植物根茎，也是鄂伦春人重要的食物补充。鄂伦春人采集的工具和方法非常简单。采摘低处的野菜、野果使用双手就足够了，只有对深埋地下的块状根茎，才用一端削尖的木棍挖掘。因为采集活动相对容易和轻松，所以大部分时候都由老年妇女率领“乌力楞”的妇女和儿童们完成。

在漫长的渔猎文明阶段，每一个鄂伦春人必须成长为知识、技能全面的劳动能手。他们不但要学会狩猎、捕鱼和采集，而且要熟练掌握制作简单工具的技能。一些复杂的生产资料，例如桦皮船、刀箭、滑雪板、扎枪等，则多是借助集体的力量协作完成，因此也必须归“乌力楞”集体所有。随着生产力的进步和个体劳动的兴起，一些原来属于公有的生产资料，随着贫富分化而成为个体家庭私有。一直到新中国成立初期，鄂伦春族人基本上实现了生产资料的私有化。此时在兴安岭，只有森林、河流等狩猎的场地属于公有，如果猎人要跨越山脉、河流去采集、捕鱼或狩猎，其他部族按照传统都不能随便阻挡。

鄂伦春族没有文字，他们的语言属于阿尔泰语系的满－通古斯语族。由于缺少文字的记录，口头创作就成了鄂伦春人语言文学的主要形式。每当夜幕降临，鄂伦春族的老人们就会在孩子们的簇拥下，在月光照耀和篝火映衬之下，缓缓讲述起有关祖先、神灵、英雄和自然的神话、故事。这些讲述掺杂着俗语、谚语、谜语和传说，往往还会夹带着讲述者本人的理解、偏好或经验，这既是一种劳动之余的消遣，更是承载着部落文明的各种知识、经验、记忆的文化传递。

因为是渔猎民族，所以鄂伦春人的饮食多与肉类相关。“乌罗仁”是鄂伦春人最喜欢的水煮肉，也叫作手扒肉。为了防止肉类腐烂，人们会将肉煮熟，切成小块、长条晒干，再放置到用柳条、木棍制作的烤架上烟熏火燎。这样经过煮烧、晾晒、烟熏后的熟肉干不会轻易坏掉，将来可以随取随用。在20世纪90年代全面禁猎之前，靠山吃山的鄂伦春族最爱吃的菜肴是“阿素”。漫山遍野的狍子是鄂伦春人最容易捕猎的动物，将狍子身上的里脊肉、肺、心煮熟，切成小块后跟煮熟的狍脑一起搅拌，再加上野猪、熊的油脂，用野葱作调味品，就成了鄂伦春人最喜欢的上等菜“阿素”。按照猎人的传统，鄂伦春人还喜欢生吃一些野兽的肝或肾。按照民间俗信，猎人们认为这样会对眼睛有益。因为渔猎生活作为食物来源具有不稳定性，所以鄂伦春族人连大型动物的骨头也不会浪费。所谓的“乌满”，就是野猪、鹿等动物的骨髓。人们将动物的腿骨煮熟后，将骨头砸开吸食骨髓，有时甚至还会生吃。不仅如此，熊和野猪的油脂也会由妇女们按照传统方法熬制、提炼，以满足日常生活中的实际需要。

在清朝统治时期，特别是在17世纪中叶以后，由于铁器、枪支和马匹在渔猎文明中被广泛使用，鄂伦春人的社会生产力有了巨大进步。随着私有制的出现，一夫一妻制的小家庭从“乌力楞”之中分离出来，成为一个自给自足的社会基本单元。家庭公社性质的“乌力楞”组织的解体，标志着鄂伦春族传统渔猎文明的发展与进步。新中国成立前期，鄂伦春族大部分民众已经从血缘关系为纽带的组织状态转向了农村村社发展时期，延续了几千年的渔猎、非定居的原始文明，逐渐向定居的、农耕的、稳定的现代文明迈进。

新中国成立以后，鄂伦春族人经历了重大的社会文化变迁：从以狩猎为主的渔猎文明向社会主义社会先进文化的过渡。1958年，鄂伦春族全民族结束了渔猎文明的生产、生活方式，全部实现了定居，并在此基础上尝试开展农业、牧业、养殖业等经济方式。及至1996年，鄂伦春族自治旗实行了禁猎政策，自治旗境内的渔猎文明彻底转变为以农耕为主的现代农业经营。

恩格斯曾说：“一切社会变迁和政治变革的终极原因，不应当到人们的头脑中，到人们对永恒的真理和正义的日益增进的认识中去寻找，而应当到生产方式和交换方式的变更中去寻找……”总体说来，自新中国成立以来，特别是改革开放以后，以鄂伦春族为代表的渔猎文明经历了民族历史上具有深远意义的伟大转折，完成了从渔猎文明向现代文明转型的伟大征程。这些转变主要体现在以下几个方面：

一是在经济形式上从重视渔猎向重视现代农业转型。二是从婚姻制度上从不与外族通婚转变为与外族通婚，“优生优育”的观念带来了族群繁衍和文明进步。三是从重视血缘关系、地缘关系转变为重视契约关系、利益关系。这种转变有利有弊，既随着社会分工的精细化促进了社会进步，也使得市场化、商品化观念侵蚀了许多优良传统。四是现代理财观念取代了大手大脚的传统消费观念，勤俭节约、量入为出、适当消费的进步观念开始占据主流。五是传统道德观念向现代道德理念转变，家国情怀、集体利益等观念逐渐深入人心，过去那种只强调小家、本民族利益的狭隘观念逐步被纠正。鄂伦春人不但在民族心理上由封闭转向开放，由不愿交往到愿意交往，由盲目排外到积极接受新事物，而且整个民族精神都振奋了起来，从安于贫困落后，向不甘落后、奋发进取转变。有着深远的历史渊源、深厚的文化根基、悠久渔猎文明的鄂伦春人，不断以积极开放的姿态走向未来。

如果说渔猎文明的标志是独木舟、渔网和扎枪。那么，游牧民俗的文化之根则是草原、牧场、骏马和骑射。考古学关于

内蒙古高原与蒙古包

中国文化源头的资料证实，除了黄河流域的仰韶文化、龙山文化，长江流域的河姆渡文化、屈家岭文化，还有起始于六千多年前，广泛分布在东北西部的热河地区，南至冀北，北起内蒙古大草原，东达辽宁省西部，带有浓郁的游牧文化特征的红山文化。在某种意义上，中华文明崛起的进程，是以汉民族为主体的各个民族，在以农耕文明为引领，游牧文化、渔猎文化等多元文化体系相互交流、碰撞、促进、融合，最终形成一个“多元一体”的中华民族大家庭的过程。其中，以在中国北方内蒙古高原地区生存或活动过的少数民族为代表，他们所创造的游牧民俗成为我国农业文明时代耀眼的风景。

严格说来，北方的游牧民族及其文化体系并非是凝固、静态、具体可指的。在传说时代，中国人就有华夏、东夷和苗蛮三大部族的划分。周代，还有以中原华夏族为着眼点，以方位为根据的东夷、西戎、北狄、南蛮的部落划分方式。战国以后，“北狄”之名甚至成了当时匈奴、鲜卑等游牧民族的统称。那么，到底什么是“游牧民族”呢？当代学者贺卫光先生认为，“游牧民族就是那些在草原地带从事游牧畜牧业的民族”。民族学家色音认为，“（他们）是一个完全自给自足的人群，他们无须和周围的农耕民打交道就能满足生活所需，是一个能够自立的社会集团”。

按照马克思主义的观点，斯大林强调“民族是人们在历史上形成的一个有共同语言、共同地域、共同经济生活以及表现在共同文化上的共同心理素质的稳定的共同体……必须着重指出，把上述任何一个特征单独拿来作为民族的定义都是不够的。不仅如此，这些特征只要缺少一个，民族就不能成其为民族”。根据以上这些观点，当代蒙古族学者乌日陶克套胡将游牧民族界定为：“游牧民族是在草原地带以游牧方式经营游牧畜牧业，并在此基础上创造了具有‘行国’特色的政治组织和游牧文化的长期稳定的社会存在方式。”

而考古学、人类学的研究则从诸多方面证明，以蒙古高原为核心，先后有山戎、匈奴、柔然、东胡、鲜卑、回鹘、女真、契丹、蒙古等民族出现。远古时期的蒙古族先民主要从事狩猎、采集和原始种植业。在成吉思汗统一蒙古各个部落的时代，生活在森林地带的蒙古族甚至把狩猎作为主要方式。公元10世纪以后，游牧业逐渐成为蒙古人的主要生计模式，饲养并放牧牛、羊、马和骆驼等牲畜成了蒙古族的劳作模式。相应的，取自这些牲畜的肉、奶，以及捕获自大草原的动物肉类和收获的少量的粮食食品、野生植物就成了蒙古人的主要食物来源。

历史上的草原民族，他们世代过着“逐水草而居”的生活。以蒙古族为代表的草原民族，在漫长历史时期中由众多游牧部落融合而成，是中国北方大草原的部族文化交融的结果。因此，北方的草原游牧民族从来就不是一个具体的民族，

《文姬归汉图》所描绘的当时蒙古高原的民族服装

它涵盖从历史上最早出现的东胡、肃慎等古老民族，到后来兴起的强大游牧国家：匈奴帝国、柔然汗国、突厥汗国、回鹘汗国、元帝国等。游牧民族及其文明体系的崛起像草原上奔腾的骏马，来势凶猛又转瞬即去。曾经有赫赫威名的“匈奴人”“柔然人”“突厥人”“回鹘人”等族群，最终都消逝在了茫茫草原上。

不过，尽管作为一种“战斗民族”的群体符号已经离散，但是这些曾经操着古老突厥语、蒙古语、通古斯语等“阿尔泰语系”语言的人群，他们的后裔仍然将血脉延续在白山黑水和广阔无垠的大草原上，并以今天的蒙古族为代表，为后世留下了马头琴、盅碗舞、长调民歌，以及许多不朽的英雄传说。

蒙古族的民族特点是通过五彩缤纷的衣、食、住、行以及社会习俗、信仰习俗等生活文化表现出来的。

在中国北方有一个神奇的区域，它东起大兴安岭、西至阿尔泰山，北界为萨彦岭、雅布洛诺夫山脉，南界为阴山山脉，范围包括蒙古国全境和中国内蒙古北部。这块在地理学意义上被泛称为“蒙古高原”的古老台地，从西北部到东南部，既分布着山地、戈壁、丘陵，又拥有广袤的、一望无垠的大草原。这块高原属于温带大陆性气候，每年阳历的 11 月到次年的 4 月，是它寒冷绵长的冬季，1 月份的气温通常在零下 30℃

至零下 15℃之间摇摆，最低气温甚至可以达到零下 40℃，并伴有大风雪。每年 5 月至 6 月，9 月到 10 月则分别是转瞬即逝的春季和秋季。这里的春、秋两季不但十分短促，而且还经常有突发性天气。例如，刚才还是秋高气爽，转眼就会飞沙走石、狂风大作，甚至会突降大雪，这种情景很像是唐代诗人岑参所描绘的“北风卷地白草折，胡天八月即飞雪”。不过，在 7 月和 8 月，夏季也十分炎热，光照充足，紫外线强烈，最高气温可以达到 35℃左右。因此，大风、天气变化快，以及全年冷暖气温相差大等就成了内蒙古大草原的气候特点。

无论是复杂的地理环境还是变化无常的天气，勤劳勇敢的蒙古族人民都能逐水草而居，自由驰骋在这块广袤的大草原上。由此，游牧民族结合马背上放牧狩猎需要，逐渐形成了独特的服饰习俗。据说，在远古时期，草原民族多以鹿皮、狼皮作为服饰。从残留在贺兰山、阴山的古老岩画中，还能看出当时生活在蒙古高原的古人类腰间围着短短的兽皮裙，头上插着长长的羽毛，样子有点像今天大家在影视剧里看到的北美印第安人。公元 7 世纪到 9 世纪，蒙古部落从额尔古纳山出发，渡过腾汲思海到了斡难河、克鲁伦河流域，开始与同一语系的其他部落交往。等到了 13 世纪初，随着部落壮大和粮草的需要，草原民族的势力进入了大漠南北的广阔地区，开始与北方各少数民族及中原地区汉族发生了广泛联系。此时，蒙古族人的

古代人物画中的契丹人形象

服饰也发生了变化。从唐宋时期开始，汉族民众生产的布匹、绸缎、天鹅绒、织锦等材料流通到了大草原。蒙古族吸收了突厥、契丹的圆领长袍、束腰、罩幞头、短靴等适合游猎的装饰，并结合自身的爱好加以改进。

大家目前看到的蒙古袍，实际上主要是清代蒙古服饰变化后的形态。在蒙古语中，蒙古袍称之为“帝利”，袖口偏狭，上边长下面短，覆盖手背的袖口更长一点，顺着手心处成为一条斜线，称为“马蹄袖”。这种袖口的设计是适应大草原的结果——冬天可以覆盖手背，防止冻伤；春天则预防蚊虫的叮咬。马褂是蒙古族流行的一种服装样式，在蒙古袍外面罩上马褂也是当时非常流行的一种穿搭方式。到了冬天，蒙古族人为了抵抗严寒还发明了暖帽，帽子的里子用羊羔皮制成，外沿用的是狐皮，帽顶则有棕紫色或者枣红色的缎子结。此外，还有很多蒙古族人习惯穿戴便于防风保暖的毡帽。最简单的帽子就更方便了，直接用布把头包起来就可以了。

20 世纪 30 年代以后，因为临近苏联的国土范围，苏式服饰和生活方式潜移默化地影响了蒙古族人。随着各民族交流的频繁，生活在乌兰巴托、乌里亚苏台、赛音山达等都市的人们也开始喜欢穿西服、休闲装、时装等现代服饰，只有在一些节日或特定的场合，大家才穿戴起富有民族特色的蒙古袍，表达自己对民族文化和民族传统等的情感。

俗话说：民以食为天。饮食同样是蒙古族同胞的头等大事，而且饮食文化与草原的生态环境、自然资源、生产结构、生活习惯、文化传统、宗教信仰等息息相关。内蒙古大草原白云蓝天，牛羊成群，游牧业的牛羊类牲畜及其副食品就成了蒙古族饮食的主要来源。蒙古族饮食分“红食”和“白食”两种，招待最为尊贵的客人时还要用以全羊、手扒肉为代表的“馐斯”礼仪。一般说来，红食是主要由牛羊肉、驼肉作为原料制成的食品，蒙古语称之为“乌兰伊得”。红食进一步细分，又可以分为新鲜肉和风干肉两种。新鲜肉是指现吃现宰的肉类。在牲畜宰杀后，蒙古族喜欢将鲜肉洗净后浸泡在冷水之中，佐以盐、姜片等煮熟。等到鲜肉熟而不烂时，就直接捞取到盘里，用蒙古刀分小块切割着食用。风干肉则是指将宰杀后的牛肉、羊肉和驼肉割成小条，挂在阴凉处使其自然风干后食用。这种做法既能去除掉肉的水分又能保持肉的风味。

蒙古族饮食

蒙古语的“白食”又称“查干伊得”，也就是由牛、羊、驼奶制成的酥油、奶酪、奶豆腐、酸奶、奶酒等各类乳制品。阿拉善地区的蒙古族牧民会将驼奶和山羊奶混在一起制成酸奶，也可以分别制作牛、羊、驼等不同种类的酸奶。酥油（黄油）是人们从鲜奶中提炼出的油脂。蒙古族喜欢喝茶，一日三餐都离不开饮茶。这种黄油既可以加工成奶油，也可以和茶一起饮用，还可以配上青稞炒面、大米、面粉等做成各种美味的食品。蒙古族的生活饮食有着粗犷、豪放的特点，不像农耕民族那样强调技巧繁复。由于需要频繁地游牧迁徙，因此蒙古族的饮食器具一般都由不容易损坏的材质做成，例如木料、皮革、金属等。在蒙古大草原，木制的碗盘、奶桶，金属制作的东布壶、银碗、铜奶桶依然可在牧民的家中见到，而且它们的造型、纹饰和审美趣味也深深地受到了草原民族文化的影响。

20 世纪以来，精细化作业的农耕文化不断北上，传统游牧业生活则不断消退，长期以来延续畜牧生产方式的蒙古族逐渐采用定居农业的生产方式，形成了今天农业、半农半牧、牧业等三种生产方式并存的格局，蒙古族的饮食文化也相应地发生了很大变化。大致说来，现代蒙古饮食可以分为东部蒙古族饮食、中部蒙古族饮食和西部蒙古族饮食三大流派。东部地区与毗邻的东北地区的饮食文化高度契合，中部地区则与河北北部、山西中北部、陕西东北部等地区的饮食高度融合，西部蒙古族饮食则多受甘肃、宁夏等省、自治区的影响，从而形成富有西北地方特色的饮食文化。同时，从人文地理、自然资源和饮食文化的关系看，现代蒙古族的饮食又可以分为农业地区、半农半牧地区和牧区等三大类。只不过，随着现代化程度的提高，粮食食品、面食的比例逐渐增加，大米、白面和各类蔬菜都已成为蒙古族民众餐桌上常见的食物。

草原茫茫，传统的游牧生活使得固定居所没有任何必要性。于是，建造简单、装卸方便、运输便利、防风保暖的“蒙古包”就成了包括蒙古族、哈萨克族、鄂温克族等在内的北方游牧民族典型的建筑样式。在日常生活中，蒙古包被蒙古人称为“格日”，意思是家、房屋的意思。古代的汉文经籍则称它为穹庐、毡帐、毡包、百子帐等。而“蒙古包”的叫法出现得很晚，大致是从清朝才普及的。

如果我们近距离的观察蒙古包，大家会发现它是一座用木头、毡子和绳索搭建起来帐篷。木料不过手腕粗细，毡布只有薄薄一层，绳索更是简单普通。为什么这些物什会成为北方游牧民族传承几千年的生活居所呢？原来，蒙古包科学、合理的结构和符合建筑学“坚固、适用、美观”的原则在它身上体现得淋漓尽致。简单地说，毛毡用来围护，绳索则用来固定和连接，由木制套脑（天窗）、乌尼（顶杆）和哈纳（围壁）

蒙古包

组成的木架结构又构成了它最稳定的架构。除此之外，木门、柱子等辅助结构还能起到不同的支撑作用。所有结构依靠绳索和皮条相互连接，互相辅助地形成了一个既坚固又具有弹性的框架，一旦受到外力侵扰，木质结构就会适当伸缩、缓冲，从而使它稳如泰山、坚不可摧。

蒙古包有搭盖省劲、拆卸容易、搬迁轻便、装载科学、修理方便等特点。即使是蒙古包中质量最重的“套脑”部位，一位年轻力壮的小伙子就能轻易托举起来。搭盖蒙古包时，没有农耕文化中建房和泥、脱坯、打夯、砌墙、抹灰的烦琐流程。两个人装卸蒙古包，也不过十几分钟的时间。遇到紧急情况，两匹骆驼或两三辆勒勒车就可以把“家”一口气搬走。蒙古包上的毡子，一般都是牧民自己擀制的，搭建的零件损坏了自己就可以随手修理。蒙古包的毡布可厚可薄，可以根据天气随意增减。此外，圆形的帐幕结构还十分符合力学、几何学和光学原理。风沙侵袭时，无处受力，不得不从它的身上滑过，圆形空间又使得它具有比看起来更多的使用面积。坐在蒙古包里，不仅能感到通风透气，宽敞明亮的视觉效果也是蒙古包的特质。

如上所述，以蒙古族为代表的北方游牧民族创造了辉煌的游牧文明，也见证了 20 世纪中叶以来游牧文明的衰落。蒙古族、哈萨克族、鄂温克族等少数民族，以自己独特的民俗生活塑造了个性鲜明的民族精神，同时也在自己的生活历程中熔铸了色彩浓厚的游牧文化，抒写出了多彩神异的历史传奇，绘制出了壮阔豪迈的历史画卷，为中国人的文化多样性涂抹了厚重一笔。

第二节　生活民俗：文明的社会纽带

生活民俗包括饮食、服饰、居住、建筑等方面内容。生活民俗最初只以满足生理需要为目的，如饮食满足维持生活的需要，服饰满足遮身蔽体、防寒保暖的需要，巢穴房屋满足抵御风雨侵袭、防御野兽伤害的需要，器物用具扩展延伸人体器官功能，实现增强生活能力的需要。生活民俗的最初阶段是在无意中自然形成的，所以各民族之间的差别主要因自然条件的不同而产生。随着社会的发展和社会分工的复杂化，等级身份的严格化，生产条件的差异，人生礼仪的繁复，重大历史事件的作用，以及宗教信仰、审美观点、政治观念、社会心理的差异等，各民族生活民俗也日趋多样化、复杂化，它所满足的已不仅是生理需要，同时也包含了安全需要、归属需要、自尊需要和自我实现需要等较高层次的需要。在这些差异的形成过程中，无意识逐渐退居次要地位，自觉意识逐渐居于主导地位。

生活民俗的每一个方面，几乎都是该民族传统观念的外在表现，它不仅让民族成员之间具有共识性，产生彼此身份的认同感，而且还可以强化其宗教信仰、伦理观念和政治观念，增强其内聚倾向。所以，生活民俗在各民族物质生活和精神生活中占据着重要位置。

我国历史学界一般认为中国有历史记载的古代文明是从夏朝（约公元前 21 世纪至公元前 16 世纪）开始的。以后，经过商、周王朝 13 个世纪的发展，到公元前 221 年，秦始皇在中国历史上建立了一个统一的国家。历史上，除了汉族，还有许多少数民族也生存在这块辽阔的土地上。在中华民族的大家庭中汉族人口数量最多。其他 55 个民族人口较少，约占全国总人口的 9%，所以，习惯上把这 55 个民族称为少数民族。少数民族的聚居地大部分在边疆地区，其分布面积约占中国国土的 64%。中国除了民族众多，自然环境也存在极大差异。南北跨纬度大，导致气温差异大；东部濒临海洋，西部深居内陆，导致降水差异大。自然气候的差异带来的是生活方式的差异，而生活方式的差异就引发了民俗的不同。正所谓“十里不同风，百里不同俗”。当我们把握住这一特点，再讨论建筑、饮食、衣着为代表的生活民俗便更加有的放矢。

东汉宅院画像砖

首先在建筑上，中国北方地区屋顶以平顶为主，中国南方地区屋顶则以落坡顶为主。平顶建筑的建筑物顶内与顶面都是水平的，这种建筑形制在我国年均降水量较少的西北、华北地区的民居中最为盛行。平顶房内部塑造出的一般都是规矩的长方形空间，因而产生了极具对称性的室内布局与空间的划分，是一个较稳定的空间。落坡顶常见的有单坡落水与双坡落水两种样式，在我国温带季风气候显著，降水较多的华南、华东地区最为常见。双坡落水顶使室内空间形成了一个“亼”型，双坡顶在正脊处得以聚合，因为有正脊的存在使空间在顶部趋向于平行的闭合，三棱柱式的顶部增加使空间极具稳定感。

同时，南北居民的审美态度、喜好和居住习惯具有一定的差异也成为南北建筑风格样式不同的原因。北方建筑表现为规整、简单、一致，而南方受多种因素共同作用而显得复杂、自由。中国北方平原与高原分布广泛，人口密度相对稀疏，所以北方建筑大多数选址在平坦的地段。由于地段的宽松和地形的平整，北方村落和宅院的布局规整，因此我们会发现在北方尤其是北方农村地区同一地区的乡土建筑形式相当一致。南方由于地形复杂多样，建筑形式也各不相同，依山傍水，产生了相互适应的错落感。

南北方建筑装饰在人文传统差异的影响下也有很多的不同，北方大多数传统民居的室内装饰比较抽象，而南方的室内装饰就比较写实。所谓的“南奢北朴”和“南繁北简”的装饰特征就体现出了南方室内装饰写实的特点。在传统人文因素的影响下，南方建筑更强调清新通透，因此南方建筑立面一般都刷浅色的漆，在建筑材料的选择上，南方建筑更多选择用的是木结构、仿木结构、钢结构等。而北方建筑比较强调厚重、朴实，因此在材料的选择上北方居民会尽量选择以砖、石为主的材料。在对称性上，北方地区和南方地区也有很大不同。北方地区更加追求建筑正门朝南，在中心选一条竖线为对称轴，尽力做到东西对称，给人一种规整感和庄严感，这种建筑形制以北京紫禁城最具代表性。南方地区不讲究建筑整体对称布局，尤其在苏杭士绅官宦所修的园林中，他们追求一种“错落有致、曲径通幽”的美感。

关于具体建筑形制，在此我们选取华北平原、黄土高原和长江中下游平原三个地区进行讨论：

华北平原是北方具有典型代表意义的一大区域，这一区域有着许许多多的古老城市（如北京、山西平遥、山东周村等）。其建筑组群方方正正，在建筑的整体造型上并不追求起起伏伏，屋顶曲线较为平缓，坡度不大。建筑材料在城市多采用砖瓦，而在农村以土坯、石头为主。华北平原民宅中最常见的一种组合建筑形式是“四合院”。这是一种正方形或长方形

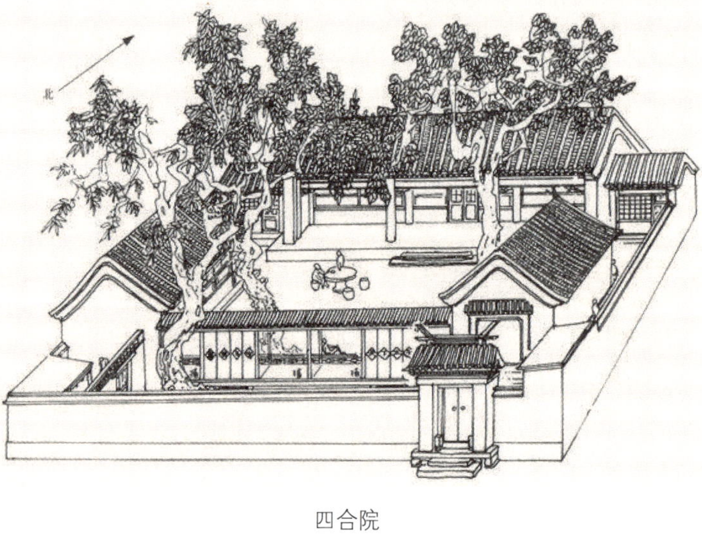

四合院

的院落，因为四周密闭，只开设一个门口，因此又被称为四合院。四合院门口朝南，从门口看里面有一堵墙，称为影壁，起到保护这一家隐私的作用。院落中最北边的房子称为正房，正房两边称为耳房，两个耳房南边的房子分别叫作东厢房和西厢房，在华北农村又称作“东屋”和“西屋”。两间厢房南边有牲口圈、厨房、杂货间等，各地分布规则不一。以上这一套被称为“一进”，家中宽裕阔绰的大户人家一般会盖“二进”“三进”乃至“四进”的四合院。

黄土高原是北方又一大区域，与华北平原一样，这里同样是中国古代文化的摇篮。黄土高原跨山西、陕西、甘肃、青海、宁夏及河南等省区，其面积约 40 万平方千米，可谓异常辽阔。黄土高原的建筑风格为院落的封闭性强，屋顶坡度较为低缓，屋身普遍低矮，同时还有相当多的建筑使用平顶。在建筑材料方面非常简单，很少使用砖瓦，多用土坯或夯土墙。黄土高原建筑的总体风格是敦厚、质朴。黄土高原最具典型的建筑样式是窑洞。因为黄土是由风力堆积而成的，土壤一层一层分布，所以黄土具有直立性，不易坍塌，这为修建窑洞提供了天然的条件。窑洞一般有两种修建形式：一是靠崖式，就是在半山坡往黄土里横向开挖，挖出洞穴，再以砖石支撑固定，防止坍塌；二是下沉式，在黄土顶部往下纵向挖掘出院落后，再进一步横向挖出各个房间，同样嵌以砖石保证其稳定性。窑洞是北方地区人民借助自然环境建造房屋的典型代表。

长江中下游平原是南方的一大区域，总面积约20万平方千米，位于湖北宜昌以东的长江中下游沿岸。包括长江三角洲平原、鄱阳湖平原、苏皖沿江平原、两湖平原（江汉平原、洞庭湖平原）和里下河平原（皖中平原）。由于一直以来地少人多，因此建筑之间挨得较为紧凑，庭院狭窄。长江中下游平原地带传统建筑的风格是秀丽灵巧。该区域建筑装修精致富丽，雕刻彩绘很多，而且屋顶坡度陡峻，翼角高翘。在长江中下游地区，因为水网密布，很多小镇依水而居，别有一番风味，周庄和乌镇是其中的典型代表，也是游客游览这一地区必去的景点。

其次在饮食上，因为地理条件的不同，我国各地区也有很大的差异。气候的干湿程度不同，会影响到农业的类型。我国东部地区以种植业为主，以秦岭—淮河一线为分界，在南方湿润地区，人们以水田为主，种植水稻，爱吃大米；在北方地区，人们以旱地为主，种植小麦、玉米，爱吃面食。而我国西北干旱地区以畜牧业为主，例如在内蒙古自治区，蒙古族以游牧方式发展畜牧业，他们的饮食结构以羊肉、牛肉和奶制品为主。东西因干湿差异而导致地域饮食文化不同。可以以大兴安岭—阴山—贺兰山—青藏高原东缘来作为分界线，在此线以北、以西区域，饮食结构以畜牧业所维系的动物脂肪蛋白质型为主；在此线以南以东区域，饮食结构以种植业所维系的植物淀粉型为主。积年累月，以各地的食材为基础，就发展起各具特色的饮食文化。

我国是个海陆兼备的国家。地域环境和气象物产的差异，直接决定了人们的饮食习惯和饮食范围，也就形成了丰富多样的地方饮食文化。在我国沿海地区，盛产鱼虾，因此，山东、福建、广东等地以烹饪海鲜为特长。以东北地区吉林省生活在查干湖周边的蒙古族为例，每年冬天的查干湖冬捕是他们独具特色的经济活动，他们也将鱼类作为自己最主要的食物，而把兽肉、小米、野菜作为副食。他们对鱼类的加工和烹调有着丰富的经验，一般在天气凉爽的春、秋两季晒鱼干，而夏季则以烟熏火烤的方式，来防止鱼肉腐烂，且很多人喜欢吃新鲜的生鱼片。而在水网密布的南方平原地区，特别是长江中下游平原地区，淡水渔业发达，鱼类等水产品在人们的副食中占重要地位，加之水稻种植业发达，这一地区又被称为“鱼米之乡”。沿海地区的渔民靠海吃饭，以近海养殖业捕捞业为生，海洋水产品成为渔民生活中重要的副食品。身居内陆的牧民和山区居民，家禽、牛、羊等成了他们的特色美食。在青藏高原干燥寒冷的高寒气候区，饮食离不开红茶、茶砖、酥油茶、奶酪和肥肉厚脂，这与低海拔地区的饮食习惯大不相同。

就味道而言，南方地区以鲜甜口为主，尤其在我国台湾地

藏族男子盛装像

区，甜可以称得上台湾同胞在饮料、食物中必不可少的味道；北方地区则以咸口为主，八大菜系中的鲁菜讲究味道鲜咸；西南地区因为天气湿冷，辣是他们抗潮湿气候必不可少的味道，四川、重庆等地的麻辣火锅是地方特色，吃者无不直呼过瘾。

再次，在服饰上我国南北部、东西部也有很大的差异。就地域性而言，因为南方纬度低，气温相对较高，所以他们注重单衣的穿着和色彩的变化，衣料颜色多为不易吸热的浅色。衣服形制多为短衣和裙类，服饰呈现“轻、便、薄”的特征；北方人则注重棉衣与皮衣的穿着，冬季衣料多为易吸热的深色。衣服形制多为长衣和袍类，服饰具有“重、深、厚”的特点。从沿海到内陆，服饰变化也非常明显：沿海气候湿度大、温差小，因而其服饰多为便于蒸发体表热量的开放宽敞型；内陆湿度小、温差大、多风沙，故其服饰多为封闭包裹型。

就民族性而言，各民族按自己的民族生活与文化传统形成了各异的审美标准和服饰。以西南地区和西北地区的少数民族服饰差异为例，我们可以发现聚居于西南边陲山区水乡的壮、彝、苗、瑶、普米、傈僳、怒、独龙等数十个少数民族因为居住于亚热带地区，以稻作农耕为主，穿着短装型衣裙、衣裤显然比袍式服装更适宜水田劳作，其服饰明显的区域性特征是轻巧、利落、短衣、短褂、短裤和薄裙、裸露部位多。西北少数民族如蒙古、哈萨克、裕固、柯尔克孜、达斡尔等少数民族大多属于草原畜牧经济文化类型，主要分布在内蒙古高原、准噶尔盆地一带穿着手工制成的宽松肥大、保暖实用的以袍式为主的服装，并配有靴鞋、袜、帽、头巾等服饰品。宽松肥大的袍式服装适合其游牧生产生活的需要。以稻作农耕为主的西南各少数民族，其服饰以布、麻为主要材料，辅以披羊皮毡或皮褂子，为的是适应晴雨无常的自然环境。如苗族服装材料用家织机棉布或织锦，多为蓝、青、白三色。西北少数民族多以畜牧业为主，以畜牧为生计，因此食肉、喝奶、穿皮毛制品便构成了他们鲜明的生活和文化特征。由于高原特殊的环境气候和游牧狩猎生活的需要，他们的服饰多以动物的皮毛或经过不同程度加工的毛织品为原料。

总而言之，我们中国正是在各个地域、各个民族独具特色的居住、饮食、服饰习俗中才显得无比伟大；我们的中华文明也正是在各地的精彩纷呈文化中才传承至今。“美美与共、和而不同”曾被视为处理国与国关系的准则。当我们放眼中华大地，各民族、各地区的文化不正是在“美美与共、和而不同”的文化中焕发着勃勃生机吗？不同的地域展现出不同的文化面貌非但不会使中华民族产生离心性，反而缤纷多彩的民俗氛围使得中华民族永葆顽强的生命力。以爱国主义为核心的团结统一、爱好和平、勤劳勇敢、自强不息的伟大民族精神也正是在独具一格的不同地域文化中得到彰显的。

第三节　精神民俗：文明的思想结晶

精神民俗，是指在有关意识形态方面的民俗。它是指人类在认识和改造自然与社会过程中形成的精神文化，这种精神文化一旦成为集体的心理习惯，表现为特定的行为方式并世代传承，就成为精神民俗。生产习俗和生活习俗很大程度上是满足人们最基本的生存需求，但是如果人们的民俗追求止步于此，那也与其他自然界动物没有差别。人类学家认为，人之所以区别于动物的衡量标准为是否会使用工具；但在部分民俗学家看来，精神领域的民俗文化，才是人区别于动物的重要标准。精神民俗主要包括民间信仰、民间巫术、民间哲学、民间伦理等。

在此，民间信仰和民间巫术可以放在一起讨论，正是因人们为对自然和社会生活领域产生了诸多疑问和不解，信仰和巫术由此产生。巫术是某些信仰的表现形式，信仰是某些巫术的理论根据。早在成书于春秋时期的《左传》中就记载“国之大事，在祀与戎”，祭祀是一个国家的重大事项。

在漫长的中华文明发展历史中，民间信仰的对象逐渐增多，民俗学大家钟敬文先生认为民间信仰的对象包括灵魂、自然神、图腾、祖先神、生育神、行业神六类：

1. 灵魂。人类最初的信仰从自我本身开始，比如出于对梦境和死亡的未知和不解，就认为在看得见、摸得着的肉体之外，还有一层虚幻的、无法把握的灵魂的存在。灵魂会附在肉体上，做梦、生病则是灵魂暂时离开肉体的表现，一旦灵魂离开肉体不归，人就死了。但是，肉体虽然腐烂了，灵魂却能变成鬼或鬼魂。

民间认为，善始善终为正常死亡，正常死亡之后的灵魂属于善魂，被奉为祖灵，并进行祖先崇拜。中国的“三冥节”——清明、中元节和十月初一，就是祭祀祖先的节日。未成年、未婚者、难产及非正常死亡者的灵魂则被视为怨魂。民间认为这些灵魂在人世还没待够，过早夭折，会更强烈地留恋人间，灵魂不安于九泉，时常徘徊于人间，容易给生者带来灾难。对此，必须特殊处理，进行超度。如非命死者不能久停，不入墓地。灵魂信仰不限于人，也涉及自然神、图腾，包括人类自身役使的牛马等动物和使用的器物。它们有些还被奉为神灵，有牛神、马神、鸡神、门神、宅神、井神、床神、仓神、船神，等等。这是万物有灵的信仰反映。

2. 自然神。自然神是把自然现象视为神灵并加以崇拜。这也是一种最古老的信仰，并且在民间广为流行。但是并不是所有的自然现象都有神灵，被奉为神灵的是与人类有密切关系的自然现象。自然神种类较多，出现早晚也不一。归纳起来约有四类：

一是天体，包括天神、日神、月神、星神等，进入文明时代以后，天神地位与日俱增，成为诸神之首。人们将天神拟人化，认为天界为诸神所居，天帝为大，道教又将玉皇奉为众神领袖。天神的崛起，显然与人为宗教的出现有关。

二是自然现象，包括风神、雨神、雷神、电神、火神等。

三是无生物，包括山神、土地神、水神、石神、海神、潮神等，其中的土地神，又称社神。《孝经援神契》载："社乃土地之主，封土以为社。"

四是生物，又分为两种类型：一种是动物神，如蛇神、熊神、鸟神、虎神等。华北地区的"四大门"——狐狸、黄鼠狼、刺猬和蛇，是当地民间对四种动物神的总称。另一种是植物神，如树神、草神、谷神、花神等。

最初的自然神是来自自然界，如视树为树神、视谷为谷神。后来人类把自然神拟人化：如水神本指具体的江河之水，后来演变为二郎神；山神由自然的山的形象发展为人格化的五位岳神；海神原指海水，后来演变为妈祖，等等。从而使自然神具有人的属性，甚至有男有女，有妻儿老小了。

3. 图腾。图腾是原始信仰之一，它原是北美印第安人鄂吉布瓦人的方言，是“他的亲族”的意思。图腾信仰认为人与某种动物、植物之间有一种特殊的血缘关系。每个氏族都起源于一个图腾，并以该图腾为保护神、徽号和象征。在同一图腾内禁止通婚，有一定的祭祀禁忌。图腾是氏族时代的产物，随着氏族的分化，图腾也有所变化。

在我国，上古和近代各民族中流传着许多感生神话，有些就与远古图腾信仰有关。古夜郎的竹图腾、仡佬族的葫芦图腾和彝族的虎图腾等，大都是图腾信仰产物。汉族的百家姓，有些也与图腾信仰有关。由此观之，我国远古时期大概有过图腾信仰，至今在民间还多少残存着痕迹。不过图腾信仰与动植物崇拜容易混淆，这点是应该注意的。另外远古时代氏族林立，图腾各异，这就决定了图腾的多样性。所以通常认为远古时期不会有一个或两个统一的图腾。

4. 祖先神。祖先神是人类把已故祖先加以神化的结果。由于相信灵魂不死，所以人们认为祖先灵魂是氏族、家族、家庭的保护者，也是人死后灵魂的管理者。祖先神包括不同层次：有远古祖先或始祖、氏族祖先、部落祖先、民族祖先、家族祖先。但是一般并不是所有已故亲长都是祖先，而是氏族长、部落首领、家族长、家长、继承人、有功的成员正常死亡后才能成为祖先。这由其地位、年龄、辈分和历史作用决定。

家庭祖先是个体家庭产生以后才兴起的。如同灵魂信仰一样，人对死者既敬畏又恐惧。敬畏是对其在世时恩惠的感激、留恋，恐惧是担心亡灵不满，把活人带到地狱。所以人死后，既要招魂、哀悼，也要尽快送走，但是要经常祭祀。祖先亡灵一般在坟地、在故乡，也在天堂或地狱。由于祖先亡灵在祠堂、在坟地，所以祭祖也在祠堂和墓地两处进行。通常人们在清明祭祖、扫墓，道教兴起后也在三元节举行祭祖活动。苗族祭祖有“吃牯脏”等活动，有的苗族的祭祖仪式或活动可持续数年，其仪式之繁，巫术之多，耗费之大，在各民族的祭祖活动中是最突出的。

5. 生育神。生育神是主宰生育诸神的总称。它通常起源于史前时代的女神。我国红山文化出土有两种女神像，一种高大、庄重，可能是女祖先；另一种较小、残缺，可能与生育巫术有关。我国民间的生育女神很多，如女娲、西王母、碧霞元君、妈祖、送子娘娘、催生娘娘等。人们对生育神要定期祀，其间有抱娃娃、掏子孙窑、生菜会、抢童子等活动。催生娘娘主宰生产，子孙娘娘保生子和保平安，胎神主司保胎，寿星和麻姑主司长寿等，从保胎到安产甚至是新生儿寿命的长短，都被归为生育神保佑的范围。此外，民间的偷瓜送子、摸城门钉、扫帚打妇等民俗活动，也是传统生育信仰的组成部分。

6. 行业神。行业神是指各行各业信奉的行业祖神和保护神。它起源于生产的发展。最初的行业神就是生产神，如猎神、渔神、蚕神、畜牧神；随着社会分工的扩大和手工业的出现，又出现了建筑和木匠神鲁班、酒神杜康、纺织神黄道婆、匠神太上老君、茶神陆羽等。此外，巫觋也有自己的祖师爷，如巫咸就是古代巫觋之祖。近代各民族保留的傩戏，每每举行傩仪，除傩公、傩母等祖先神外，必供师坛图，其上绘有历代巫觋和端公的形象。其实，巫成神者不乏其例，如妈祖、临水夫人、何仙姑等，都是由女巫演变为民间神的，在民俗中占有一定的地位。总之三百六十行，行行有保护神。这些神，有些是该行业的开山鼻祖，如农神、蚕神，有些是某行业的革新能手，如酒神杜康、纺织神黄道婆；有些神对某些行业的发展起过保护作用，所以才为该行业所供。

总体而言，中国的民俗信仰有以下几个特点：

第一，中国民俗信仰具有突出的功利性。一般而言，中

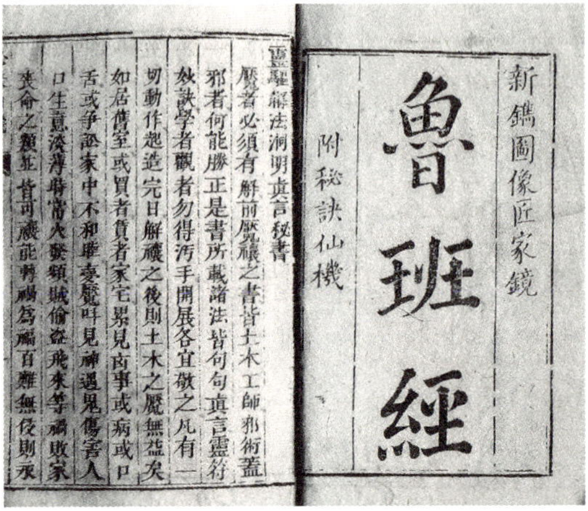

《鲁班经》

国老百姓求神，都是因为在现实生活中出现了实际需求，带有非常明显的功利性。追求吉祥和避免灾祸是最基本的表现，无论什么形式的信仰活动，说到底都是为了自身的生存利益。

第二，中国民俗信仰具有强烈的神秘性、保守性、封闭性。产生这种现象的原因与民俗信仰的掌控者关系密切。很多情况下，民俗信仰的掌控者是对某种信仰有最终解释权的人，他们为了维护自己掌控信仰带来的利益，将信仰保密化。进行保密的方法有两种，分别是秘不外传和利用巫术。

第三，中国民俗信仰具有较强的包容性。有别于西方一些界限分明的信仰，中国的信徒认为，只要能帮助到“我”，对

“我”有价值，那么“我”都会加以供奉。最具代表性的是佛教、道教和儒家文化相互包容，有“三教合一”的说法。

第四，中国民俗信仰具有较强的渗透性。根源于原始社会的信仰情结根深蒂固，常常渗透到生产、起居、交通、娱乐、服饰、艺术等各个领域。

第五，中国民间信仰有通俗化趋势。因为维系信仰生存和发展的根本途径是拉拢信徒，所以，各种信仰总会竭尽所能迎合人们的需求。又因为科学技术的发展使得社会的进步，民间信仰中迷信的内容也逐渐破除，很多信仰变成了比较健康、无害的传统习惯，成为人们喜闻乐见的社会生活的重要内容。

有别于古代中国官方宣扬的以儒家文化为核心的正统教化伦理，在民间社会一直存在着一套特别的处事原则和道德，我们称之为民间哲学伦理观念。民间哲学伦理观念是精神民俗的重要组成部分。民间哲学伦理观念是不定型的、由普通民众在其实际生活中自发形成、在话语表达上居于主流之外的价值观念。

民间哲学伦理观念广泛地表现在人们的风俗习惯、生活方式等非理论化的状态之中。民间伦理观念不具备精致的理论形式，往往以流传于民间的歌谣、谚语、故事、戏曲等为其观念载体。在语言表达上也大都粗鄙不文，多为村夫野老的俚语俗言。然而，通俗的民间伦理观念传达的是广大民众对生活十分真切的感受、理解和向往，是真实的欢乐和痛苦、希望和忧虑。它以相对自由活泼的形式，真实地表达出民间社会生活的面貌和下层人民的精神世界。

民间社会对于官方倡导的道德规范，并非机械、被动地照单全收，而总是根据自己的实际需求有所选择地接纳。民间哲学伦理观念拥有着广泛的内涵，限于篇幅，在此主要介绍循规蹈矩、有限认同两个特点。

一是循规蹈矩。即不折不扣地认同上层统治阶级倡导的价值观念和道德规范，并在实际生活中身体力行。其中，存在少数人发自内心地对正统规范认同，并在生活中无条件服从。对大多数人来说，则是面对由主流道德规范被迫做出的选择。在人们的思维中，往往先假定别人会绝对服从既定的道德规范，而如果自己不服从的话，就将独自承担因违规而带来的全部惩罚。因此，广大民众为了自身利益的最大化，便会选择服从。每个人都不能通过改变策略来得到更大的收益，所以谁也不存在改变现状的动力。对于大多数人来说，他们对正统教化伦理的接受始终是有条件的、有所保留的。所以民众中也存在着有限认同的价值观。

二是有限认同。民众在承认正统教化伦理合理性要求的前提下，按照实际生活的需要，对正统教化伦理作出符合人性的解释，甚至修正。就民间而言，这是对正统教化伦理道德要求的折中和妥协；而对官方来说，则是立场的软化和让步。

自汉代以来，儒家知识分子强调“义利之辨”，大力鼓吹“义”高于“利”，并以此作为划分君子与小人的标准：君子喻于义，小人喻于利。然而，人生在世，物质功利的重要，是无论多么精妙的道德说教都不能否定的。民间寻常百姓，大多是普通的农民和小生产者，他们常常生产条件欠佳，甚至物质财富的缺乏每天都在威胁着他们的生存。所谓“民以食为天”，求生存对于他们来说是头等重要的大事。因而，与衣食无忧，成日“子曰诗云”的上层贵族和士大夫不同，在民间普通百姓的心目中，无论什么样的规范，都必须能够切合生活的需要，即规范不是用来“说事”的，而是用来“做事”的。严酷的生存现实决定了正统教化伦理所倡导的“正其谊不谋其利，明其道不计其功”的道德主张，虽崇高圣洁、令人仰止，但又是那样地远离人间烟火，使人望而生畏，甚至连倡导者自身往往都难以遵守，更何况普通民众。

民间百姓在其生产生活中，对物质功利须臾不可离之的特性，历来有深切的体验，“有钱能使鬼推磨，无钱憋得猴上杆”“有钱一条龙，无钱一条虫”“有钱男子汉，无钱汉子难”……这些通俗的话语，真实地传达了民间普通百姓对生活富足的向往和对现实利益的追求。对正统教化伦理而言，这当然是无法接受的。所以民间在表达这类观念时，为避免被正统教化伦理全面否定，也在寻找能够为正统教化伦理所接受的方式。

最为常见的，就是在正统教化伦理的严厉要求和民间生活的实际需要之间达到某种均衡和统一，既充分肯定物质功利的重要，同时也承认以义制利、将义求利的道德价值。流传于世的诸如“君子爱财，取之有道”之类的道德箴言，典型地表现出民间社会在化解自身生活欲望与官方伦理紧张关系方面的努力。通过这种努力，正统教化伦理严厉的甚至不近人情的道德主张在民间的折中解释里被冲淡，而民间价值观念自由自在的任性表达也一定程度上得到了某种自觉的抑制。

第三章

文字文化中的民俗

卿云烂兮，
纠缦缦兮。
日月光华，
旦复旦兮。

——《卿云歌》

通常认为，从商代开始，中国人发明了文字。考古学家在龟壳、牛肩胛骨和青铜器上都发现了商代人的文字，前两者被称为甲骨文，后者被称为金文或铭文。甲骨文和金文的使用，将中国带入了文字文明时期。在此之后，人们表达思想就新增了言语这种方式。周代后，随着国家权力的加强，社会阶层出现了民间和上层的分野，文学产品也被划分为民间文学和上层文学。概括地说，民间文学就是广大民众集体创作、口头流传、现场展演的文学样式。对于该定义，可从以下几个方面来理解。首先，民间文学是一种文学作品，是一种有特色的文艺现象，我们应该对民间文学的文学性或艺术性有正确和充分的理解。其次，民间文学是民众的创作，区别于上层统治者或知识分子的创作。因为是普通民众的作品，所以一般没有记录作者姓名。最后，民间文学一般是集体创作、口头流传的艺术形式。集体创作和口头创作是民间文学两个最主要的特征。

民间文学包含的种类有很多，在本章我们聚焦于上古神话、民间传说和地方故事三种民间文学题材，讨论民间文学中渗透着的民俗文化。

第一节　上古神话：先民生活的隐喻

神话是一种经典的、重要的文学体裁。它兴盛于各个民族的远古时期，算是各个民族文学的童年时代。至今，神话仍然在一些地区作为一种口头文学存活着。它不仅具有独特鲜明的艺术特征，而且能够代表人类历史上一个大的阶段的文化，并且对民族的文化演进产生了深远的影响，这种影响直到现代社会依然绵延不绝。神话历来受到人文学科的学者们的高度关注，在对它的解释和研究的基础上形成了很多著名的学说和学派。

神话是人类在远古时期所创造的反映自然现象和社会生活的幻想性的故事。或者说，神话是以原始思维为基础的关于神的行为的故事。这种定义，主要着眼于神话的文学特质。如果将神话作为文化现象来全面看待，那么神话就不仅仅是一种文学体裁或语言艺术，它还有着更为丰富的内涵。它不仅是一种融文学、音乐、舞蹈等为一体的综合性的艺术形式，而且还是上古初民世界观和信仰的主要表述形式。神话讲述的是人类在蒙昧时期试图探索世界、解释世界、征服世界的一些社会活动或民俗生活。民俗学者黄涛认为，神话分为自然神话和社会生活神话。

自然神话是关于天地万物的形成以及人与自然关系的神话。上古时代，我们的先民由于无法解释自然界的诸多现象，就凭借自己的想象进行解释，由此产生了许多有趣又具有艺术性的神话。自然神话中最具有代表性的是天地开辟神话和人类起源神话。

天地开辟神话是原始人类关于世界起源以及客观世界如何形成的神话，其主要内容是天地世间万物是如何形成的。在中国，最具代表性的天地开辟神话是盘古神话：

在很久很久以前，天和地是连在一起的，宇宙混沌未开，漆黑一团，好像一个大鸡蛋。人类的老祖宗盘古，就在这黑暗混沌的大鸡蛋中悄悄地孕育着、成长着。他呼呼地睡着觉，一直过了一万八千年。有一天，盘古忽然醒来，他睁开了眼睛，四周黑暗一片，什么也看不见，他感到非常奇怪。黑暗使他闷得发慌，接着又万分烦恼，他实在忍不住了，向旁边一抓，竟抓到了一把大斧子。于是，他拼尽全力，狠狠地向前劈去，随着山崩地裂般的一声巨响，那个曾孕育了他的混沌的大鸡蛋被劈开了。这个大鸡蛋中轻而清的东西，缓缓地向上升去，慢慢地变成了天；重而浊的东西，渐渐地沉下来，一点点地变成了地。天和地分开以后，盘古怕它们还会合拢，就头顶天，脚踏地，站在天地的中间，随着天的升高，地的下沉，盘古的身子也随之增长。就这样，一万八千年过去了，又过了一万八千年，天升得极高了，地变得极厚了，盘古的身子也随之长得极为高大。

那么，盘古到底长了多高呢？据说高达九万里。盘古成了巍峨的巨人。他就像一根无比高大的擎天柱，撑在天和地的中间，不让它们再重新合拢到一起，以免世界回到那混沌的黑暗中去。他孤独地站立在那里，一年又一年，仿佛遗忘了时间。就这样，不知又过了多少年，天和地已经被固定住了，但此时的盘古已经累得筋疲力尽，终于有一天，轰的一声，倒在地上死去了。

盘古在临死的时候，周身发生了巨大的变化。他口中呼出的一团团气，变成了浮游的风和云；他发出的声音，变成了滚过天空的隆隆雷声；他的左眼睛变成了太阳，右眼睛变成了月亮；他的手足和身躯变成了大地的四极和五方的名山；他的血液变成了江河；他的筋脉变成了道路；他的肌肉变成了田地；他的头发和胡须变成了天上的星星；他的皮肤和汗毛变成了花草树木；他的牙齿、骨头、骨髓则变成了蕴藏在地底下的闪光的金属、坚硬的石头、美丽的珍珠和柔润的玉石；就连他身上的汗水也变成了无尽的雨露和甘霖。

这样，盘古不仅开辟了天地，在他死的时候也没有忘记把自己的全部留给他开创出的天和地，他用自己的整个身体来使这新诞生的世界变得更加丰富和美丽。

正如每个孩子都会问自己的父母，自己是从哪里来的，上古先民也在思考这一问题，于是就有了人类起源的神话。先民们凭借大胆的想象，将自己的起源解释为自然产生或者大神造人。在中国，最有影响力的人类起源神话是女娲造人神话：

盘古开辟了天地，用身躯造出日月星辰、山川草木。那残留在天地间的物质慢慢化作虫鱼鸟兽，为这死寂的世界增添了生气。

这时，有一位女神女娲，在这莽莽的原野上行走。她放眼四望，山岭起伏，江河奔流，丛林茂密，草木争辉。天上百鸟飞鸣，地上群兽奔驰，水中鱼儿嬉戏，草中昆虫跳跃，这世界已经点缀得相当美丽了。但是她总觉得有一种说不出的寂寞，越看越烦，孤寂感越来越强烈，连她自己也弄不清楚这是为什么。她与山川草木诉说心中的烦躁，山川草木根本不懂她的话；她对虫鱼鸟兽倾吐心事，虫鱼鸟兽哪能了解她的苦恼。她颓然坐在一个池塘旁边，茫然对着池塘中自己的影子。忽然一片树叶飘落池中，静止的池水泛起了小小的涟漪，使她的影子也微微晃动起来。她突然觉得心头的死结解开了，是呀！为什么她会有那种说不出的孤寂感？原来是世界是缺少一种像她一样的生物。

想到这儿，她马上用手在池边挖了些泥土，和上水，照着自己的影子捏了起来。她感到好高兴。捏着捏着，捏成了一个小小的东西，模样与女娲差不多，也有五官七窍，双手两脚。捏好后她往地上一放，小东西居然活了起来。女娲一见，满心欢喜，接着又捏了许多。她把这些小东西叫作“人”。这些“人”是仿照神的模样造出来的，气概举动自然与别的生物不同，居然叽叽喳喳讲起和女娲一样的话来。他们在女娲身旁欢呼雀跃了一阵，慢慢走散了。女娲那寂寞的心一下子热乎起来，她想把世界变得热热闹闹，让世界到处都有她亲手造出来的人，于是她不停工作，捏了一个又一个。但是世界毕竟太大了，她工作了很久，双手都捏得麻木了，捏出的小人分布在大地上仍然显得太稀少。她觉得这样下去不行，就顺手从附近折下一条藤蔓，伸入泥潭，沾上泥浆向地上挥洒。结果点点泥浆也变成一个个小人，与用手捏成的模样相似。这一来速度就快多了。女娲见新方法奏了效，越洒越起劲，大地就到处有了人。

女娲在大地上造出许多人来，心中高兴，寂寞感一扫而空。她觉得很累了，要休息一下，到四处走走，看看那些人生活怎样。一天，她走到一处，见人烟稀少，十分奇怪，俯身仔细察看，见地上躺着不少小人，动也不动，她用手拨弄，也不见动静，原来这是她是最初造出来的小人，这时已头发雪白，寿终正寝了。女娲见了这种情形，心中暗暗着急，她想到自己辛辛苦苦造人，人却不断衰老死亡。这样下去，若要使世界上一直有人，岂不要永远不停地制造？这总不是办法。结果女娲参照世上万物传宗接代的方法，叫人类也男女配合，繁衍后代。因为人是仿神而造的生物，不能与禽兽同等，所以她又建立了婚姻制度，使之有别于禽兽乱交。后世人就把女娲奉为“神媒”。

第二类神话是社会生活神话，这类神话指的是先民解释自己的社会生活的神话。这类神话包含的内容很广泛，有的关于解释自己生活中使用的物品、掌握的技术，如神农尝百草、燧人氏钻木取火的神话；有的关于解释某一民族如何形成，如满族天鹅仙女神话，讲述满族的形成是因为天鹅仙女与猎人结为夫妻，生下满族祖先“爱新觉罗·布库里雍顺”。在众多社会神话中，最具特色的是与黄帝相关的部落战争神话：

据说，黄帝用玉石制作兵器，创制了舟车弓矢，创制了衣食住行的礼仪制度。不仅如此，他的妻子嫘祖教会了妇女养蚕缫丝，他选拔的官员仓颉创造了文字，大臣大挠发明了干支纪法，乐官伶伦独创了乐器。此外，黄帝还采铜铸鼎，宣告了石器时代的落幕，昭示着青铜时代的到来。因此可以说，黄帝出现之前，虽然人类也有了许多进步和成绩，但从他开始，人类的文明进程才真正得到跨越式的发展。在他之前，部落与部落之间的关系十分简单，人类更多是应付生存危机和自然界的困扰。从黄帝开始，部落和部落有了交流、碰撞，华夏“大一统”的思想开始萌芽，围绕分裂与统一问题所发生的大事件，终于在历史的舞台上演。

五千多年前，在我国黄河、长江一带生活着许多原始部落。传说以黄帝为首领的部落，最早居住在今天陕西北部的姬水附近，后来他沿着洛水南下，又向东渡过了黄河，在今天河北省张家口市的涿鹿县定居下来，开始发展原始农业和畜牧业。

当时的中华大地上，分布着华夏、东夷、苗蛮三大集团。华夏集团在中国中原一带，以黄帝、炎帝部落为主。东夷集团靠近中国的东部地区，苗蛮集团居住在南部地区。黄帝一生最大的贡献就在于历经了五十三次战争，统一了三大部落，建立起了第一个“大一统”的国家，成了中华民族的第一个“共主”，结束了族群分裂的历史。因此说，从黄帝开始，整体性意义上的人类文明才真正萌发，所以后世的人们都尊称黄帝为“人文初祖”“文明之祖”。

在黄帝刚刚被拥戴为部落联盟首领的初期，各个部落的酋长们仍然互相攻击。频繁的战争导致生灵涂炭、民不聊生。其中，最具有实力和攻击性的，是居住在东方的东夷部落。东夷部落的首领叫作蚩尤。传说蚩尤是神灵的后裔，有八十一个兽身人面、铜头铁额，以泥土和石头作为食物的兄弟。蚩尤部落不服从黄帝的命令，他们肆意攻击其他部落，并向着黄帝直接统辖的领地步步紧逼。于是，黄帝顺应民意，征召各路部落首领一起征伐蚩尤。但是，彪悍的蚩尤率领着勇猛善战的兄弟和

画像石描绘的黄帝像

士兵，不但我行我素，而且还在几次战斗中呼风唤雨，飞沙走石，打败了黄帝的军队。为此，黄帝忧心忡忡，一筹莫展。

有一天晚上，黄帝做梦梦到大风吹散了风沙，随后有一个人驱赶着无数的羊群投奔黄帝而来。梦醒之后，黄帝心想，难道大风之后，真有几个孔武有力的猛士前来为自己效力吗？不久，黄帝先后在大海和湖泊的旁边找到了名叫风后、力牧的勇士。从此，黄帝跟其他部落首领紧密团结起来，以风后为相，力牧为帅，主动向蚩尤发起了进攻。

双方决战于一个叫“涿鹿”的地方，黄帝和蚩尤分别摆开了阵势准备大战一场。蚩尤首先布下了百里大雾，大雾茫茫三天三夜没有消散，使得黄帝的部队分不清南北，迷失了方向。于是，黄帝命令风后创造了可以辨识方位的指南车，最终破解了蚩尤的计谋。随后，两大部落又在冀州开战，蚩尤率领魑魅魍魉，邀请风伯、雨师纵风降雨以冲淹黄帝的部队。此时，黄帝请来了大旱女神“魃”止雨减灾，又召集其他部落联盟的将士夹击蚩尤。最终，黄帝在炎帝和其他部落联盟的帮助下，杀死了蚩尤，彻底消灭了部落分裂的最大威胁。

与黄帝同时期的部落首领最著名的还有炎帝。起初，他率领部族居住在中国西北地区，后来逐渐向东迁徙，等到了今山东地区，炎帝受到了东夷部落的首领蚩尤的侵扰。炎帝几次派兵抗争，但每次出征都打了败仗。随着黄帝与蚩尤部落战争的爆发，炎帝作为主要盟友与黄帝共同赢得了统一战争。因此，炎帝也被看作是华夏民族的始祖。后来，炎帝不满黄帝成为至高无上的领袖，企图与黄帝一决雌雄，终于起兵反抗。炎黄二帝双方在“阪泉”的郊野展开了决战。最终，经过三场恶仗，黄帝取得了决定性的胜利，炎帝归顺黄帝，两大部落真正融合在了一起。从此，黄帝确立了天下共主的至尊地位，天下归心。

也有传说炎帝只是尊称，他又号“神农氏”。远古时期，五谷和杂草混在一起，药材和百花开在一处。哪些花草可以治病，哪些花草有毒，哪些花草可以充当食物，人们并不清楚。炎帝看到老百姓一筹莫展，决定即使牺牲自己也要亲口尝一尝百草的滋味，辨识五谷、毒物和花草的区别。他试吃了百草，中毒多次。《淮南子》记载说，神农氏“尝百草之滋味，水泉之甘苦，令民所避就。当此之时，一日而遇七十毒”。就这样，神农先后识别出了稻、麦、稷、黍、豆等农作物，也就是后来的“五谷”。在长期观察草木的属性、花叶、果实和生长周期的过程中，神农氏还逐渐摸索出了“五谷”的播种、收割和储存的规律。不仅如此，他看到百姓用石器开垦土地、耕种庄稼十分辛苦，就制作了劳动工具耒耜，还委任仙人赤松子做雨师，观测天象，预报晴雨。随着他对蔬菜、水果、草药等不同性质植物的识别，又根据它们的不同特点，撰写了《神农本草经》，仔细梳理了三百多种中草药的疗效和用法。后来，神农在辨识草药时尝到了一种叫作“断肠草”的剧毒植物，不幸中毒而死。传说他去世时有 120 岁。

在太平时节，黄帝划野分疆，制礼兴乐，教化百姓。同时，为了方便人们的生产生活，他还和一些博学多才的大臣发明了各种日用器具和生产工具。其中，大臣曹胡发明了衣服的上衣，伯余发明了下衣，於则制作了鞋子。从此，人们告别了穿兽皮、树皮的时代。黄帝还根据草木漂浮在水面的原理制作了舟船，又配上船桨、船橹。不仅如此，他还令人建筑房屋，修筑城池，烧制陶器，制作了釜甑，使得百姓可以蒸饭煮粥。黄帝还与大臣岐伯、雷官等研究医术，写成了中医理论体系的奠基之作《黄帝内经》，不但治愈了许多臣民的病患，而且最早描述了人体的解剖结构，将阴阳五行说和人体的生理、病理结合了起来。

同时，黄帝还确定了天下万物的名称，划分群星为二十八宿，并以“甲乙”等十天干纪日，以“子丑”等十二地支纪月，以六旬为一甲子，从此人们才有了时间的概念。更令人敬佩的是，虽然声望卓著，但是黄帝不搞独裁。他经常在“明台”召开大会，让大臣们畅所欲言，发表对部落事务的不同看法和意见。

可以说，传说中的黄帝时代，是古代中国人在对历史的想象中最美好、清宁、和谐的时期。在黄帝的治理下，华夏大地的先民“甘其食，美其服，安其居，乐其俗”，人口迅速繁衍，部落联盟不断扩大。《史记》记载：“黄帝二十五子，得其姓者十四人。”据说，许多古老的姓氏都源自黄帝的血脉，而颛顼、帝喾、唐尧、虞舜，还有后来的夏、商、周等王朝的君主都是黄帝的后裔。因此，黄帝被公认为是“人文初祖”不是偶然的。

第二节　民间传说：口耳相传的故事

民间传说是民众口头创作和传播的，描述特定历史人物、历史事件，解释某种地方风物或习俗的传奇故事。民间传说有的是记载某个知名历史人物的出身、行事，有的是讲述某一重大历史事件的兴起、发展与结束，有的是解释某地地名、某山山名、某河河名的起源，有的是分析某一民间习俗文化的产生原因。有人将民间传说称为人民大众“口传的历史”，但民间传说更多只是反映了人们对历史的评价和价值观，并不等于历史，更不等同于信史。民间传说有以下特点：

第一，民间传说一般没有特定作者，其创作者基本是民众或群体。特定个人可以对民众的口头传说加以记录整理，有时记录整理者或其他文人也会根据某种需要对民间传说加以修改，但民间传说的创作者仍是无名大众。

第二，民间传说一般是散文体的口述作品。民间传说是以讲故事的方式说出来的，而不是唱出来的，也不是抒情的韵文。就它的传播途径而言，它是通过口头流传的，不是通过书面文字流传的。

第三，民间传说要有传奇性。这是民间传说在情节上的特点。它的故事不是平淡无奇的，往往有离奇的情节或者“超人间”的内容。这是民间传说在讲述与真人、真事、真物有一定联系的故事时，吸引听众的一个重要因素。

第四，民间传说的内容与两个方面的事实相联系：一是历史上的实有之人、实有之事，二是特定地方的风物或习俗。但这种与事实的联系不是以科学的态度记录或解释，而是以艺术化的方式加以幻想、附会、夸张等。

中国的民间传说流传广泛、数量众多、题材多样，从不同的角度对民间传说的分类方法也有很多，如果按题材和内容来看，民俗学界一般将民间传说分为人物传说、史事传说、地方风物和习俗传说三大类。

人物传说以某一人物为叙述核心，记叙其经历，在故事中表达了民众对他的评价。一般而言，人物传说的主角大都是历史上真实存在的著名人物，也存在少数虚构人物，但民众在讲述人物传说时也会将虚构人物当作真实存在人物看待。人物传说分为神仙传说、文人传说、名医巧匠传说、帝王将相传说、起义英雄传说等。

人物传说在流传时，很多情况下民众会将许多相似故事情节安放到某一特定历史人物身上，这种人物被称为“箭垛式人物”，众多故事情节像一支支箭一样射到某一箭垛（故事主角）上。在此，我们以著名的“箭垛式人物”包公为例，品读《包公选师爷》的故事：

包公做了开封府尹，要选一名称心如意的师爷。什么是师爷？就是在府衙帮他做文牍工作的人。

包公选师爷的告示一贴出去，四面八方的文人学士纷纷前来应试。只三四天时间，就来了上千人。考试的第一个项目是做文章，由包公出题，让应试的人去做。上千人的卷子，包公一一亲自过目，并从中挑选了十个文才最高的人。考试的第二个项目是面试，包公把这十个人一个一个单独叫进去，随口出题，应试人当面应答。

第一个人被叫进来了。他未进门就向包公打躬施礼，进得门来，一步叩一个头，直叩到包公面前，口中说道："小人恭听老爷训教。"包公说："这不是什么训教。你既来本府应试，就请起来入座攀话。"那人说："小人不敢。"包公说："哎！叫你起来，你尽管起来。"那人说："还是跪着听老爷训教。"包公见他这样，便不再相强，就说："你的书面文章做得不错。今天我还要对你面试一番。"那人说："请老爷出题。"包公指指自己的脸说："你看我长得怎么样？"那人说："小人不敢放肆。"包公说："这是考试，恕你无罪。"那人抬头一看包公的面容，哎呀，真是难看死了！头和脸都黑得如烟熏火燎，简直就像一个黑色的坛子放在肩膀上；两只眼睛大而圆，瞪起来，白眼珠多，黑眼珠少，令人害怕。那人大吃一惊，没想到包府尹长得那么丑陋。他想："我若把他的模样如实讲出来，他一定火冒三丈，别说当师爷，不挨他的狗头铡都算好的。当官的都爱听恭维话，我何不奉承他一番，讨他个欢喜呢！"于是嘻嘻一笑说："啊，老爷长得真是好看极了！方面厚耳，红润润的脸膛，浓眉虎目，格外精神。真是有福的相貌呀！"包公听了，望着他向外摆摆手说：“行了，你回家去吧！”

接着第二个人被叫进来。包公一看，这人漫长脸，白面皮，两颗大眼珠没看人就滴溜溜打转，一脸小聪明。当包公又拿自己的相貌进行面试时，他偷偷溜了包公一眼，不禁吸了一口凉气。包公要他随口应答，他眼珠转了几转，满面春风地说道：“哎哟，老爷真是个清官呀！”包公问：“你怎么知道？”他说：“我看老爷长得眼如明星，眉似弯月，面色白里透红，纯粹是副清官相貌啊！”包公一听，又好气又好笑，心里道：“如果照你说的那种长相是清官相，我这面如锅铁，容貌丑陋，大概就该是奸官相喽，真是一派胡言。”于是，包公不耐烦地对那人向外摆摆手。包公面试了九个人时，老家人包兴进来了，问：“老爷，可有如意的？”包公叹了口气摇摇头说：“眼下还没选上一个。这些人为了讨得我的喜欢，竟然颠倒黑白，胡说八道，如果都像这样拍马溜须，专说瞎话去讨官老爷的欢心，谁去为百姓办事呀？”包兴说：“忠良难找，你就将就着选一个吧。”包公说：“不行。开封府如果选不着实心眼儿的人，我宁愿不要师爷，也决不凑合。唤最后一个进来！”

第十个人进来了。只见他坦然地来到包公面前，施礼说：“见过老爷。”包公说：“免礼，坐下！”那人坐了。包公说："你的文章做得不错呀！"那人道："老爷，文章做得最好，也只不过是纸面上的东西，不值几个钱。以小人之见，要报效国家，为百姓办好事，第一是要有德，第二才是要有才。"包公一听，暗暗称是，便说："我今天当面口试，你要马上回答。"那人道："请老爷出题。"包公说："别的题也没什么意思，就说说我的脸面吧。你看看我的容貌如何？"那人向包公打量了一下，说道："老爷的容貌嘛……""怎么样啊？""脸形如坛子，面色似锅底，不但说不上俊美，实在该说是丑陋。特别是两眼一瞪，真有几分吓人呢。"包公一听，故意把脸一沉："嗯！放肆！你怎么这么说起老爷来了？难道不怕我怪罪吗？"那人说："老爷别生气。小人深信，只有实诚人才可靠。老爷的脸本来是黑的，难道我说一声'白'，它就变白了？老爷长得本来是丑的，难道我说声'美'，就会变美了？老爷若不喜欢听老实话，今后怎能秉公断案，做个清官呢？"包公说："我听人说，容貌丑陋，其心必奸。此话当真吗？"那人说："不然。奸不奸，在心而不在貌。只要老爷有忠君爱民之心，有报效国家的愿望，就算长得最黑，也会做清官；相反，就是长得最白，也保不住不做贪官。难道老爷没见过白脸奸臣吗？"包公听完，心中大喜，说："你被选中了！"

京剧中的包公角色

史事传说是以历史事件为叙述中心的传说。这种传说在讲述历史事件时强调事件的传奇性，在叙述时广泛刻画各个阶层、各个方面的人物思想和行为。史事传说很大程度上反映了民众对历史事件的情感、态度和价值观，表现了人心所向。史事传说又分为反抗侵略传说、农民起义传说、革命历史事件传说等。在此以江西省赣州市《何阿四农民起义》的传说为例，与大家分享：

相传清朝乾隆年间，上犹县营前的信地村，出了个能人何阿四。他出生时，满屋红光，香气溢室。何阿四从小就习文弄武，才智过人。长到一十八岁，他生得两耳垂肩，双手过膝，更显得威武英俊，仪表堂堂。何阿四从小就失去了父亲，家里只有母子两人，日子过得很艰难。

一天，上界一位杨仙女，见营前的信地村瑞气四射，祥云缭绕，于是，下得凡来，要探个究竟。杨仙女来到信地村，只见这里绿水青山，别有洞天，心里十分快活。此地山势雄伟挺拔，峰峦起伏，连绵不断，就像一条欢腾跳跃的青龙。杨仙女从青龙尾一直跟到青龙口，恰巧碰到何阿四在山上砍柴。杨仙女见何阿四年青英俊，相貌非凡，心里暗暗称奇，暗想："莫非这瑞气祥云，青龙出水之天子气就应在此人身上？"于是，杨仙女运行神功，指树为屋，化路为桥，在这深山密林之中，变化出了一幢清雅别致的房舍。杨仙女住在了这里，每天都与上山砍柴的何阿四攀谈。

过了七七四十九天，杨仙女和何阿四混熟了，便邀何阿四到她家做客。杨仙女做了满满一桌菜。何阿四提起筷子，不夹猪肉、头牲、鱼，却先夹青菜吃，杨仙女顿感失望，心里说道："看来，这何阿四乃是不能成气候的草寇罢了。"转眼一看，又见何阿四吃鱼时，却光吃头，不吃尾，又像是"真天子"的举动。究竟是真天子还是假天子？杨仙女一时难以决断。谈话之间，杨仙女深知何阿四胸怀大志，满腹韬略，最终决定助何阿四成事。

杨仙女在何阿四屋后的竹林里施展仙术，让天兵天将藏在每根竹子的竹节里，又在何阿四大门前安放了"石锣""石鼓"，并告诉何阿四，只要敲响"石锣""石鼓"，藏在竹节里的天兵天将就会破竹而出，挥戈向前。

一天，村里的几个小孩见石锣、石鼓好玩，无意中敲了起来。哪晓得这一敲可坏事了，顿时战鼓咚咚，喊杀声震天动地，藏在竹节内的天兵天将一个个破竹而出，跳将出来。可是天兵天将出来后发现没什么情况，只有几个小孩在敲石锣、石鼓玩，气得一个个火冒三丈，但又不好发脾气，只得又钻进竹节里去了。到后来，清兵真的攻上山来，危急中，何阿四拼命敲起石锣、石鼓，可是藏在竹节内的天兵天将以为又是小孩闹着玩，并不在意，一个也没有出来。此是后话。

杨仙女又借了一把宝刀给何阿四，并将十八般武艺传授与他。临走前，杨仙女再三交代此刀一定先要用圆毛动物来试刀。何阿四得到仙女相助，从此声威大震，四方八路来投他的人很多，起义的队伍一下子发展到数千人。何阿四一面跑马练兵，一面屯粮制旗，积极筹划起义。

一天，战旗做好了。裁缝问何阿四："大哥，到时用何物祭旗？"何阿四回答道："逢人祭旗。"

裁缝把"逢人"误听为了"缝人"，心中暗吃一惊。他想，我辛辛苦苦地为你做了战旗，到头来还要杀我祭旗，天下哪有这样不讲信义的人呢？与其坐以待毙，不如早日脱身投清。不过若要是让何阿四察觉，他岂肯与我善罢甘休？还得思个良策，使他举事不成才好。裁缝见塘边有一群鸭子，顿时计上心头来，他借故把何阿四邀到塘边，对他说：“听说大哥的宝刀是仙物，何不一试，也好让愚弟开开眼界？”何阿四一时性起，忘了杨仙女的交代，“嗖”的一声拔出宝刀，只见宝刀寒光四射，夺目耀眼。何阿四略一举刀，便跳起在空中，大喝一声：“着！”一道闪光划过，塘中的鸭子顷刻都没有了头。裁缝拍手叫道：“果然名不虚传也！”心里却想：“哼！纵然你的宝刀再好，可惜试刀的是扁毛的鸭子，这宝刀也就不灵了。”当晚，裁缝便悄悄溜下山去，向上犹县令告密去了。

县令得到密告，大吃一惊，连夜派人禀报朝廷。当时的乾隆皇帝急忙调兵遣将，前来营前村镇压起义。

清兵乘船由上犹江沿江而上。当到了现今陡水镇地段时，见两岸山势高耸入云，似刀砍斧削，扇形般展开，巍然屹立。清军将领不由得倒吸一口冷气，脱口喊道：“啊呀，好险的山势，真像一座铁扇关门！了不得，了不得。”于是清兵便不敢轻易冒进。到了江口，又见“狮象”把水口（即一边山势像狮形，另一边似象形），知道此地是出“天子”的地方，更是吓得偃旗息鼓，大气都不敢出。清兵就这样慢腾腾地行到龙形山下，只见一块大岩石，流出几股细泉，“咚、咚、咚”滴水不断，当地人叫它“眼泪石”。带兵的将领这才长长地舒了一口气，放声大笑道："何阿四毕竟是一个不能成事的草寇。你们看，老天都为他流泪呢！"于是清兵重整旗鼓，大胆前进。

清兵到了营前信地村，何阿四率众奋力抗击，经过一场激战，终因寡不敌众，退至广东汕头，被俘遇害。

何阿四起义虽然失败了，但他的故事却代代相传至今，如今在营前信地村，还有他的屋基和石锣、石鼓呢。

地方风物和习俗传说是指关于某一特定地区的景物、古迹、特产、动植物等产生的传说。这类传说的根本目的是对特定的实物或习俗进行艺术性故事解释，在讲述这类传说时更多注重传说的有趣性，而不是进行科学知识的普及。这类传说开头一般会提出特殊的景物、古迹、特产、动植物、习俗，然后话锋一转讲述一个故事，解释为什么会有这样的景物或习俗等，并在故事最后得出结论，形成一个

教子胡同

闭环结构。在此我们以北京《教子胡同的来历》为例，进行分享：

轿子胡同对过有一条胡同，原先叫罐儿胡同。相传罐儿胡同有一家人，只有母子俩。母亲三十多岁时丈夫去世，抛下她和一个三岁的儿子，孤儿寡母，无依无靠。那会封建思想讲究三从四德，好女不嫁二夫。有些好心的街坊邻居劝她改嫁，可是这位女子立志不再嫁。她决心把儿子抚养成人，让儿子有个好前程，也算尽到了自己的义务。

这母子俩一无金二无银，生活十分清苦，全靠母亲帮人缝缝补补、洗洗涮涮挣点钱过日子。母亲舍不得吃、舍不得穿，挣来一点钱就给儿子买好吃的，买好穿的。在母亲眼中，儿子多穿一件怕热着，少穿一件怕冻着，毕竟儿子是母亲的心头肉哇。为抚养儿子，母亲累得腰酸腿疼，忙得脚不落地，却连一句抱怨的话都没有。

哪知道，母亲娇惯儿子，却养成了儿子的坏习惯。儿子才四五岁，他想要什么母亲就得给什么，稍不如意儿子就大哭大闹。饭不可口他就扔碗筷，衣不合身他就把衣服扔在地上用脚踩。母亲总是顺着儿子，把他扔下的东西又捡起来，再慢慢地央求他。

邻居大妈几次劝这位母亲："他婶呀，可不能太惯着这孩子呀。"母亲嘴上答应着，心里却想："敢情你们家孩子多，可以不把他们当回事儿。我只有这一根独苗苗，怎么能不娇惯着点！"眼看孩子十多岁了，一不学徒作艺，二不上学读书，整天就跟胡同里的野孩子串街走巷，惹是生非。街坊大爷也几次劝这位母亲："他婶子，这孩子可要好好管教啊。"母亲虽嘴上答应，心里却想："我养的孩子我心疼。树大自然直，我的孩子准没错儿。"

儿子终于长大成人了。但这孩子从小就又馋又懒，什么事都干不了。论文化，他斗大的字不识几个；论力气，他肩不能担，手不能提。母亲挣的钱不够他花，他便学赌钱和偷盗。儿子的行迹引起了街坊邻居的不满，关于儿子的风言风语传进了母亲的耳朵里，她既没料到儿子走上了邪道，也后悔当初没有听从街坊们的劝告。

一天，母亲正躺在病床上，几个衙门里的差人突然闯进来说："老太婆，瞧你养的'好儿子'，昨天他拦路抢劫，行凶杀人，衙门已经把他捉拿归案了。"母亲听后一下子昏了过去。街坊们都同情母亲的不幸，赶忙送水、熬药、掐人中，母亲这才苏醒。原来，这儿子伙同一帮人昨天清晨到广安门外拦路抢劫，被劫的人抓住他的衣角死死不放。那帮人见势不妙，拔腿就跑，儿子急了，拔出匕首照着被劫人的心窝刺了下去，那人立刻就死了。行路人见义勇为，一齐上去追捕罪犯，最后终于把儿子抓住了。

行刑那天，儿子被五花大绑押到菜市口，看热闹的人山人海。母亲也挤在人群里。就要行刑了，儿子向执事官说："我还要对我母亲说句话。"人们让开一条道，母亲来到了儿子身边。儿子低下头说："我好悔！你养子不教，我才落得了这个下场！"说完一口将母亲的耳朵咬了下来，转身上了刑场。母亲顾不上疼，看着儿子走去的背影，又悔又恨，只见路旁一块青石，便一头撞了过去，待人们围过去看时，她已经断气了。

街坊邻居都同情这位善良且不幸的母亲，也都埋怨她不该太娇惯儿子。罐儿胡同的人们为了记住这个惨痛的教训，就把罐儿胡同改成了"惯儿"胡同。对面的轿子胡同的人们为了教戒后人，也把轿子胡同改成"教子"胡同了。

看完这几则传说，我们可以总结出有关民间传说的普遍特征，那就是一方面民间传说在讲述时，总是以叙述真实事件的口吻进行描述，像是在说历史上的真事一样；但在另一方面，无论是倾听者还是讲述者，都很清楚地知道传说中有虚构的情节。比如在第二个民间传说中，杨仙女告知何阿四敲击石锣和石鼓，就有天兵降临。这显然是虚构的。但是倾听者和讲述者，都不会纠结于民间传说是否符合科学逻辑，仅仅当作一乐而已。因此，当我们面对某一地区的民间传说时，更多应该思考它的文学价值和人文情趣。

第三节　地方故事：有趣的文化记忆

地方故事是指流传于某一地区的内容具有泛指性、虚构性和生活化特征的散文叙事作品。与神话相比，地方故事很晚才产生，而且故事不会被视之为真实发生过的事情；与民间传说不同，地方故事的主角并非特定的某个历史人物，甚至有可能是动物、植物。“拟人化”是地方故事的突出特点。

地方故事有贴近生活、泛指性、类型化三个特点。

首先是贴近生活。虽然故事中会渗透有部分幻想、魔幻色彩，但都立足、着眼于现实生活。尤其是故事的主题和角色都符合日常生活逻辑。

其次是泛指性。在地方故事中，其发生的时间、地点、主角往往是含糊不清的。在表述时间时，总是用“从前”“过去”“很久很久以前”；表述地点时，总是用“在某座山上”“在山那边”“在河边”“有个村里”；说到故事的主人公，总是用“一个小伙子”“有位老大爷”“有个石匠”等。

最后是类型化。地方故事是地方群众集体创造的产物，在故事的讲述中，情节、主题、人物性格往往会出现类型化的趋势。例如某些故事中一开始看似吃亏的人到最后总会占便宜，一开始占便宜的人最后总会吃亏。

与民间传说类似，地方故事也拥有着丰富的种类，具体而言从题材上可分为幻想故事、生活故事、寓言和笑话三类。

幻想故事又被称为童话，这类故事的讲述对象一般是年幼的儿童。在故事的讲述中，往往以“超人间”的形式呈现。幻想故事又分为魔法故事和动物故事两种。这类故事内容中，保存有大量原始社会的遗风遗俗。像我们比较熟悉的井底之蛙、老鼠嫁女、人参娃娃等故事，都属于幻想故事。在此，我们以《狗耕田》为例，进行分享：

从前一户人家有弟兄俩，两人长到二十岁上下，都想各奔前程，便商量分家。由于家里很穷，起眼的家产只有一条大牯牛和一条小黑狗。老大贪心，想独得牛，便说：“兄弟，明天哪个起得早就分牛。”老实巴交的老二说：“好的，哥说了算数。”老大欢喜得通宵没合眼，天蒙蒙亮，就牵着牛走了。老二被竹林里的鹊雀吵醒起床，看见只有小黑狗拴在门口，叫了声："乖乖，今后你就跟着我过日子了。"

老大有大牯牛，田犁得深，庄稼收成好，不愁吃和穿。老二用锄头挖田，土浅庄稼孬，顾得了吃，就顾不了穿。即使穷得揭不开锅，老二仍像对儿女一样对待黑狗，有一碗稀饭也要分半碗喂它。

过了一年，小黑狗长成大黑狗。老二对黑狗说："黑狗，我命苦你也跟着我受苦。你能出力帮我犁田，我吃上干饭，你也有干饭吃。"黑狗听了摇尾，好像说："好的。"老二蒸了一背篼苞谷粑，驾起黑狗，甩一个粑粑到田对面；黑狗见到有粑粑吃，便使劲拉犁。半天就犁了一块田。老二刚要收工，一个卖绸缎的来到田边，见狗犁田感到很稀奇，说："我在世上四十年，从没见过狗犁田！亲眼见你犁三圈，这担绸缎送你穿。"老二又下田犁了三圈，赢得了绸商一担绸缎。老二卖绸买肉，同黑狗打了个牙祭。

消息传进老大耳朵里，老大马上跑来对老二说："兄弟，我把黑狗让给你，它给你换来绸缎，可见哥哥我关照你呵！我也想穿件绸衫，把黑狗借给我犁几天吧。"老二说："哥哥要犁，牵去犁就是了。"

老大驾起黑狗，甩了粑粑，刚犁了几犁，就见一人挑着一挑沉甸甸的担子过来，放下担子就说："今生今世四十年，从没见过狗犁田。亲眼看见犁三转，这担东西送给你。"老大犁过三圈，过路人搁下担子走了。老大满心欢喜地打开包箩盖，却是毛石头，老大气得直跺脚："一心想得一挑绸，却得一挑毛石头！"于是老大便将满腔怒火朝黑狗身上发，举起了块毛石头，几下就把黑狗砸死了。

过了几天，老二来牵黑狗。老大说："你那黑狗真可恶，不犁田，还咬我。我把它砸死了。这里剩了一碗狗肉，你端去吃吧。"老二端碗回家，对着狗肉哭了一场，哪忍心吃下肚啊！老二把肉装在小木匣内，到后园挖了个深坑埋了。不几天，狗肉坟上长出一株树，叫不上名字，可一天长几寸高，不到两个月，已长成枝繁叶茂的参天大树。一天，老二干活累了，爬上树乘凉，还依依不舍地想着大黑狗。忽然间风吹树摇，树叶落下，沾地就变成银钱。这一来老二又有钱买米买肉了。

老大听见了，又来对老二说："老二，我不打死黑狗，你哪来狗肉埋下地，变作摇钱树呐？可见哥哥多关心你。哥哥正缺钱用，快让我到摇钱树上坐一会儿吧。"老二说："哥哥要坐就去坐吧。"老大爬上摇钱树，心想多摇落树叶多得钱，把吃奶的力气都使出来摇树；哪知用力太大，把树枝摇断滚下树来，屁股落地，痛得他喊妈叫娘，可摇落的树叶还是树叶，一片也没变成银钱。老大气得提刀砍断了树。

老二见树被砍，叹了两口气，砍了丫枝当柴烧。树枝烧的草木灰，飞出屋檐变成了一只只花斑雀。从早到晚，一大群花斑雀在老二房前屋后飞来绕去，像朝拜他一样。老二看见花斑雀没有窝歇宿，便编了一百多个篾竹笼，挂在门前竹竿上。一到天黑，花斑雀叽叽喳喳地飞进竹笼，第二天早晨唱着歌飞出来，每个笼内都给老二留下几个蛋。

老大见老二每天拣一篓雀蛋，又眼红了，说："老二，不是我砍了那棵妖树，你哪来火烧树枝变成大群花斑雀？可见哥哥多么关心你呀。哥哥也想尝尝雀蛋滋味，把雀笼借给我用几天吧。"老二说："哥哥要就拿去嘛。"老大把上百个雀笼吊在门前，天挨黑，一群花斑雀通通飞进了笼子。第二天早晨，老大提了斗大一个箩筐去拣蛋，见每个笼子里只有几坨雀屎，雀蛋的影都看不见。老大又气又怒，抓起一把石子，朝花斑雀砸去。花斑雀被激怒了，一窝蜂飞起来围着老大乱啄，活活把老大啄死。然后天天围着老二的房前屋后飞，就像当年的黑狗一样不离房舍。它们发出的叫声，活像"老大报应，老大报应”……

生活故事是以民众日常生活为主要内容、情节的符合现实生活逻辑的故事，这类故事又被称为“写实故事”或“世俗故事”。生活故事相较于幻想故事而言，它的特征是内容符合现实生活逻辑，完全没有超自然的幻想或者夸张。生活故事题材广泛，涉及生活的各个方面，每个故事都带有民众对社会生活某个方面的观点和态度，同时在一定程度上也是民众对他们生产、生活经验的总结。生活故事类型多样，比较有代表性的有巧媳妇故事、长工农民斗地主故事、傻姑爷故事、机智人物故事等。在此我们以《三女婿上寿》故事为例，进行分享：

从前，有一个老汉，膝下有三个姑娘，大姑娘、二姑娘都许配给了读书识字的秀才，唯有三姑娘嫁了个庄稼汉。有一次，老汉过生日，三对女儿、女婿都来拜寿，大姑爷、二姑爷很瞧不起三姑爷。酒席宴前，两个秀才想在人前显一显自己的才学，也想叫三姑爷出个丑。他们提出来要每人吟诗一首，谁吟不出来，就不准吃肉喝酒。大姑爷先吟道：“二八一十六，先吃一块肉。”吟罢，洋洋得意吃了肥肉一块，满饮美酒一盅。二姑爷接着吟道：“二九一十八，两块一起夹！”吟罢，神气十足地一连吃了两块肉，喝了两盅酒。轮到三姑爷了，他先把菜盘子端起来，吟道："二七一十四，端着盘子吃！"吟罢把一盘肉全吃了，又拿起酒瓶"咕嘟咕嘟"把一瓶酒也喝了。大姑爷、二姑爷都被气得说不出话来，可是心里总是不服。

等到端上第二道菜来，大家刚要动筷子，两个秀才又拦挡住了，他们说还要吟诗，谁吟不上就不让谁吃。三姑爷说："吟什么？你们出题吧。"二姑爷说："这回要吟天上一种飞禽，地下一种走兽，桌子上一件宝贝，桌子旁边一种人。"大姑爷说，我先吟："天上飞禽有凤凰，地下走兽有羚羊，桌上放的是文章，两旁站的是梅香。"二姑爷接着吟道："天上飞禽有鹏鹫，地下走兽有犀牛，桌上放的是《春秋》，旁站的是丫头。"三姑爷不慌不忙地吟道："天上飞禽怕鸟枪，地下走兽数猛虎，桌上放着木炭火，两旁站着小伙子。"还没等说完，两个秀才都大笑起来，都说三姑爷吟得太俗气，又没押上韵，不准吃菜。三姑爷说："你们先不要忙，听我说完。"他从头吟道："天上飞禽怕鸟枪，打死你那鹏鹫和凤凰；地上走兽数猛虎，能吃掉你那犀牛和羚羊；桌上放着木炭火，能烧掉你那《春秋》和文章；旁边站着小伙子，能配上你那丫头和梅香。"说得两个秀才，张口结舌，无言以对。

秀才想侮辱庄稼汉，结果倒吃了亏。真是搬起石头，砸了自己的脚。活该，活该！

最后一类故事是寓言和笑话。寓言是以生动简约的语言来描述一个道理，寓言的根本目的是要有寓意，是否发人深省是衡量寓言合格与否的重要标准。笑话是民间口头传播的简短而引人发笑的故事，通常目的以讽刺为主，既有对社会不合理甚至丑恶现象的讽刺，也有对某些人性格等弱点的善意嘲讽。总体而言，寓言和笑话的突出特点就是短小精悍，篇幅相比于其他地方故事类型更短。下面我们以几则寓言和笑话为例进行理解：

执竿入城

原文：鲁有执长竿入城门者，初竖执之，不可入，横执之，亦不可入，计无所出。俄有老父至曰："吾非圣人，但见事多矣！何不以锯中截而入？"遂依而截之。

译文：鲁国有个拿着长长的竿子进入城门的人，起初竖立起来拿着它，不能进入城门，横过来拿着它，也不能进入城门，这个人实在想不出办法来了。正当他无计可施的时候，有个老人来到这里说："我并不是什么圣人，只不过是见到的事情多了，为什么不用锯子将长竿从中截断后进入城门呢？”那个鲁国人于是依照老人的办法将长竿子截断了。

一钱莫救

原文：一人性极鄙啬，道遇溪水新涨，吝出渡钱，乃拼命涉水。至中流，水急冲倒，漂流半里许。其子在岸旁觅舟救之。舟子索钱，一钱方往。子只出五分，断价良久不定，其父垂死之际，回头顾其子大呼曰：“我儿我儿，五分便救，一钱莫救！”

译文：有一个极为吝啬的人，在外出的路上，遇上河水突然上涨，吝啬的人不肯出摆渡钱，就冒着生命危险涉水过河。人到河中间，河水把他冲倒了，他在水中漂流了半里路左右，他的儿子在岸上，寻找船只去救助他。船夫出价，要一钱才肯前去救助，儿子只同意出价五分钱，为了争执救助的价钱相持了好长时间，一直没有说妥。落水之人在垂死的紧要关头还回头对着他的儿子大声呼喊着：“儿子！儿子！如果他出价五分就来救我，若要一钱就不要来救我了啊！”

张三和李四

有一天赶大集，李四买了一根大竹竿，过城门时，立着出不去，横着也出不去，可把他急坏了。这时过来个叫张三的大个子说："你真笨，把它锯断不就行咧。"李四想可不是，反正早晚得锯。就对张三说："大哥，你这下可帮我大忙咧。"说着这两人锯断竹竿出了城。李四想要感谢张三，非拉着张三到小铺喝酒，两人越喝越投脾气，就拜了盟兄弟。张三为兄，李四为弟。

过了半年，李四想张三了，就跟媳妇说："这么半年了，我挺想咱大哥，我去看看他。"

等李四一进张三家，见张三正在炕上躺着呢，李四问："大哥，你这是怎么了？"张三说："唉，别提了兄弟。这不，那回赶集回来了，我说垒个炕吧，等垒成了一躺，伸不开腿。我就把脚剁了，这不是才伸开呢。"李四一听："大哥，我算佩服你了，要让我碰上这事，还不知道剁哪头呢。"

由此可见，地方故事具有深刻的思想性和优美的艺术力量。一方面，地方故事在培养道德品质方面具有重大意义，劳动人民的健康的道德观念和高贵的阶级感情在故事中表现得异常突出；另一方面，地方故事在艺术教养方面有着非同一般的价值，许多伟大的作家在接受艺术教养的初期，都不同程度上受到过优秀民间故事的积极影响。

第四章

中华文明的民俗特征

居今之俗，

服古之服。

——《大戴礼记·哀公问五义》

中国是一个统一的多民族国家。经过上千年的文化积淀以及不同地域的文化传播，中华文明形成了以汉民族为主体，多民族文化并存的文化系统。一方面，各民族都有自己悠久的历史和优秀的传统文化，在天文、历法、科技、文学、艺术、体育等方面形成了自己的民族特色，在饮食、服饰、居住、生产、仪礼、节庆等方面也有自己的风俗习惯；另一方面，由于历史上的民族杂居、民族迁徙、民族同化，各民族的民俗呈现出相互交融、相互影响的特点。众多的民族和悠久的文化传统，形成了中国民俗的多民族性。在不同民族、不同地域文化的共同促进作用下，中华文化不断发展，一直延续到今天。因为不同的地域文化造就的不同的风俗习惯，可概称为“俗”。在尽可能保留既有风俗的外在形式，而在提升其文化内涵上下工夫，注入新的人文精神，“俗”成为“礼”。在历史上，从统一的中原王朝建立之后，“礼”与“俗”的关系就已显现，历朝历代的王朝在维护、巩固自己统治时十分注重处理“礼”和“俗”的关系。统治者们试图做到既尊重民间自发生成的“俗”，又通过手段推广官方宣传的“礼”，所以可以说中国古代有着深厚的礼俗传统。纵观历史，“礼”与“俗”冲突对立又共生互补。

因此，当我们讨论中华文明中民俗特色如何形成时，要从中国民俗发展的三个特点进行分析，分别是“四海一家”的同一性、连绵不绝的延续性、中华文明的“礼俗”特质。

第一节 “四海一家”的同一性

中国幅员辽阔，地大物博，不同的区域造就了不同的文化面貌。我们观察某一区域的民俗文化时，在具体表现形式上与其他地区相比可能各有特点，甚至截然不同，但如果我们从这些民俗文化蕴含的思想层面分析，不难发现在其中渗透着同样的精神内涵。这一精神内涵会因民族、地域、城乡的差异以不同的面貌呈现出来，但已经深深渗透在每个中国人的内心深处。所以说当我们看到“十里不同风，百里不同俗”的区域差异性的同时，还应该从不同区域中提炼、抽离出整个中华民族的同一性。在本节，我们从慎终追远的丧葬观、集体主义的价值观、兼收并蓄的包容观三个角度理解中华文明在民俗文化中体现出来的同一性。

首先是慎终追远的丧葬观。“慎终追远”一词出自《论语》，指慎重地办理父母丧事，虔诚地祭祀远代祖先。后也指谨慎从事，追念前贤。在《论语》原文中，曾子提出“慎终追远，民德归厚矣”，意思是把握慎终追远的原则，百姓的品德就会回归淳厚。以慎终追远为代表的儒家文化影响着中国人

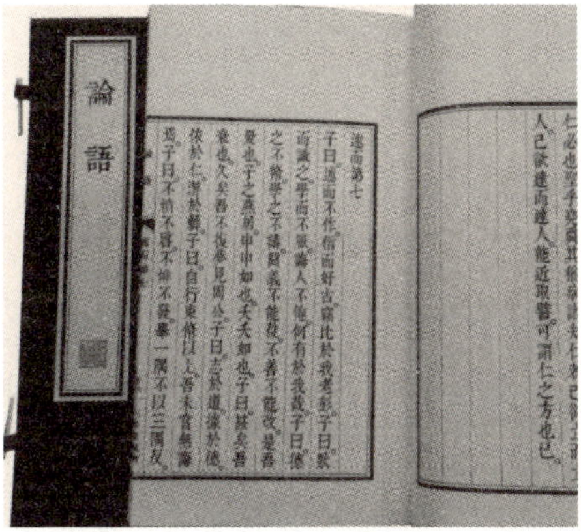

《论语》书影

的丧葬观念，这一思想也已经渗透在中国各地的祭祖习俗中。在中国的祭祖习俗中，各个地区祭祖形式不同，但无不表现出对逝者的追思。

在我国以北方地区为主的大部分区域，都流行有上坟的习俗，一般会选在清明节、中元节、十月初一、年节和逝者的祭日这几天。上坟的流程各地不尽相同，在此以山东省济宁市微山县小年前后上坟的习俗为例，供大家参考：

1. 烧纸钱、元宝。纸钱又叫作“钱粮纸”或者“火纸”，是一种黄色薄纸。人们认为这相当于逝者在阴间所用“货币”，有的纸钱会用特制的“戳子”在火纸的平面上拓印出密布着方孔古钱的图样。除了纸钱外，还有大袋的用黄色纸叠成的金元宝和银色纸叠成的银元宝。这几种阴间“货币”都是通过用火烧掉的方式送给逝者在阴间使用。

2. 上香。纸钱烧完后要在逝者坟前点上一把香，一缕一缕的烟完成了生者与逝者的沟通。如果逝者生前有喝酒抽烟的习惯，上坟时还要准备一瓶酒，点上几根香烟以供养逝者。一般在烧纸时倒酒，由内一圈一圈地往外倒，表示酒和钱都已经捎给了逝者。

3. 放鞭炮。一把香点完后要放一串鞭炮，既是表达对逝者的哀思，同时也代表着家族的人丁兴旺、红红火火。

4. 磕头。放完鞭炮，参加上坟的家族成员在坟前给逝者磕头，表示上坟结束向逝者告别，一般要磕三个头。

正如之前讨论过的民俗的地域性，我们很难找到某一地区上坟祭祀的流程作为“标准”。山东省淄博市地区上坟还要带自己家准备的炸肉、豆腐、水果等供品进行祭拜。湖南某些地区上坟的日子选在大年初一。各个地区在上坟祭祀的流程上都有很大不同。

在我国，祠堂祭祖以南方地区为主，许多村落大姓都建有祠堂，在祠堂祭祖是这些地区追思祖先的主要形式。一般情况下，在每年的清明节和七月十五中元节，宗族成员都要在祠堂进行祭祖，有些地区还有大年三十晚上在祠堂守岁的习俗。一般来说，祠堂祭祖包含以下九个要素：

摆设香案：司仪、宗亲代表（工作人员）、乐队先到场准备。

焚香明烛：司仪宣布仪式开始，宗亲代表点燃香烛、鸣炮、奏乐。

主祭进祠：主祭族长，各房中排行岁数最长者，由族人搀扶，以红灯笼为前导，在陪祭（理事长、族长同辈等）

陪同下，一起步入祠堂，大家起立鼓掌，鸣炮奏乐。

迎请祖先：司仪双手捧香高举至天井，颂“今天是某年中元节（清明节），某村某姓子孙敬迎列祖列宗受祭拜，请就位”。再到香案插香，鸣炮奏乐。

宣读祭文：由司仪代表宣读，后鸣炮，奏乐。

供献祭品：把“八宝”“三牲”递交主祭人，跪着向始祖神像作揖后，放回原处，奏乐。

宗亲祭拜：主祭、陪祭为先，三拜九叩，再陆续由族人，包括女儿、媳妇、女婿有序祭拜，奏乐。

理事长讲话：回顾一年活动情况、各项基金收支情况，表彰好人好事，讲述建设祠堂、弘扬祠堂文化意义，提出今后活动意见。

鸣炮结束：司仪致祝福祠，烧纸钱、鸣炮，结束。

无论是以北方地区为主的上坟习俗还是以南方地区为主的祠堂祭祖习俗，其中都渗透着传统中国人“视死如视生”“死者为尊”的价值观念。“祖先”这一概念在中国人的精神世界中拥有着特殊的分量，当我们夸赞一个人遵循传统，符合道德教化，会称赞他“敬天法祖”，而当我们批判一个人有悖伦常，会批判他“数典忘祖”。回归到上坟和祠堂祭祀上，无论什么样的礼仪，其中无不承载着生者对逝去亲人的哀思和纪念。例如为逝者点香烟，将家族或家庭中添丁、结婚、金榜题名等情况告知祖先，都体现了传统中国人对亡者的态度。中国人正是在这种慎终追远的态度之下使得文化脉络不断传承。民俗的同一性在其中得到彰显。

其次是集体主义的价值观。有别于西方对个人主义的推崇，中国自古以来都奉行集体主义的价值观。对传统中国人来说，这个集体可能是自己的家庭，可能是自己的朋友，也可能是自己的国家。相传为曾子所著的《大学》中就有“正心、诚意、修身、齐家、治国、平天下”的远大理想，孟子也提出“穷则独善其身，达则兼济天下”的抱负。古代儒家先哲们的思想深深影响着历代中国人，在人们的内心深处，永远藏着一份周济他人、胸怀天下的情怀。家国同构的社会氛围中，个人的利益被置于集体利益之下。体现在民俗方面，我们可以从以下几个角度进行讨论。

传统中国以农业为本，不同于西方的商业文明，进行农业耕种单凭个人的力量无法保证每年五谷丰登，每当遇到旱灾、水灾、蝗灾等自然灾害，必然需要在全体人员之下才能渡过难关，这在一定程度上造就了中国的集体主义价值观。德裔美国学者卡尔·魏特夫的“东方专制主义”观点契合了这一思想。他认为“在（东方）干旱或半干旱地区，只有当人们利用灌溉，必要时利用治水的办法克服供水的不足和不调时，农业生产才能顺利和有效的维持下去，这样的工程时刻需要大规模的协作，这样的协作反过来需要纪律、从属关系和强有力的领导力”。魏特夫甚至将治水社会与东方专制主义视为同义词。不可否认，在中国以农业为本的国情之下，无论是耕种还是水利措施，单凭个人的力量无法造就，也就形成了集体主义传统。

同时还需要看到的是，因为农业具有集体性，劳动中的人民每日做着同样的事情，很容易形成同样的习惯，比如历史渊源深厚的二十四节气。二十四节气是劳动人民长期对天文、气候、作物生长规律进行观测、总结的结果，它体现了季节的变化，用来指导农事活动，影响着千家万户的衣食住行，是我国劳动人民独创的文化遗产。2016 年 11 月 30 日，二十四节气被正式列入联合国教科文组织《人类非物质文化遗产代表作名录》。

在二十四个节气背后，包含着中华民族传统习俗和文化积淀，有关二十四节气的诗词曲赋比比皆是，比如“清明时节雨纷纷，路上行人欲断魂”道出了清明节前后容易下雨带来的萧瑟；又比如“足蒸暑土气，背灼炎天光”描述了大暑时节劳动人民的辛劳。二十四节气鲜明地带有中华民族的传统特色，成为我国农耕文化重要的组成部分。二十四节气发端于中国集体主义农业传统，人们在共同生活在中华大地之上，形成了集体的劳动意识和时间观念。

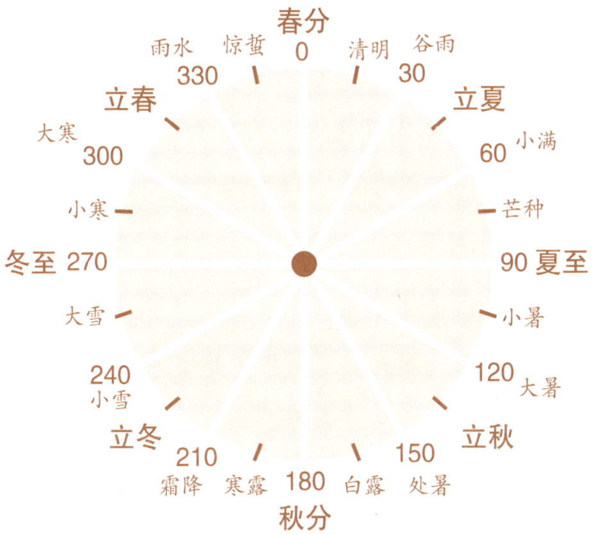

二十四节气的时间结构示意图

据悉，早在春秋战国时期，我们的先人已经掌握土圭的使用，即在平面上竖一根杆子来测量正午太阳影子的长短，以确定冬至、夏至、春分、秋分四个节气。一年中，土圭在正午时分影子最短的一天为夏至，最长的一天为冬至，影子长度适中的为春分或秋分。到秦汉时期，已经形成了完整的二十四节气的概念。从天文上讲，二十四节气就是一年内太阳在黄道上的位置变化和引起的地面气候的演变次序。将全年平分为二十四等份，并给每个等份起名，这就是二十四节气由来。二十四节气与季节、温度、降水及物候有密切的联系，对人们的生产和生活有广泛的影响。无论是文人还是民间百姓，多有通过诗词歌赋来反映二十四个节气的变化和习俗的，这从另一个侧面说明二十四个节气在中国文化史上的重要地位和不可替代的作用。为便于人们记忆和传诵，人们还把二十四个节气编成一首歌谣在民间传唱：

春雨惊春清谷天，夏满芒夏暑相连。
秋处露秋寒霜降，冬雪雪冬大小寒。
上半年是六廿一，下半年来八廿三。
每月两节日期定，最多相差一二天。

这首诗前四句是二十四个节气缩略的集成，依次称为：

立春、雨水、惊蛰、春分、清明、谷雨、
立夏、小满、芒种、夏至、小暑、大暑、
立秋、处暑、白露、秋分、寒露、霜降、
立冬、小雪、大雪、冬至、小寒、大寒。

最后是兼收并蓄的包容观。几千年来，世界其他地区如两河流域、尼罗河流域、印度河流域同中国一样产生了璀璨的文明古国。其他三大文明古国在历史的长河中或被外族入侵消灭或自己产生“文化变异”，只有中华文明几经风霜雪雨却仍屹立于世界东方，并呈现出生生不息的气韵。中华文化能在历史长河中不断发展并延续至今，靠的绝对不是偶然和巧合。当我们从历史角度进行思考，不难发现正是中华文化之独有的“兼收并蓄的包容观”促成了中华文明的延绵不绝、流光溢彩。

所谓“兼收并蓄”，是指把不同内容、不同性质的东西收下来，保存起来。运用在文化领域，它指的是在外来文化碰撞之下，不采取闭门造车的消极态度，而是积极了解外来文化，并将它吸纳到自己的文化体系当中，为我所用。中华民族的文化源远流长、博大精深，但是我们也不能否定其中的部分内容是不符合时代发展潮流，甚至是违背道德的，正是有吸纳外来文化实现自我革新的特点，中华民族文化才呈现出历久弥新的面貌。

早在先秦时代，我们的先人就懂得学习少数民族民俗文化，革故鼎新，适应社会发展大势。如赵武灵王推行的胡服骑射。据《战国策·赵策二》记载：“今吾（赵武灵王）将胡服骑射以教百姓。”《史记》卷四十三《赵世家》也记载：“十九年正月，大朝信宫，召肥义与议天下，五日而毕。遂下令易胡服，改兵制，习骑射。”“胡服骑射”是战国时期赵国以强军争霸为主要目标的一次重大改革。赵武灵王不拘成例，锐意图强，力主学习和吸收北方游牧民族军事文化的长处，并仿照他们的装束、装备和战术，命令军队服饰从汉族习惯穿着的宽袍大袖改为少数民族的窄袖短衣，这样更有利于骑兵在马上作战。赵武灵王组建新式的骑兵部队，进行骑战。这场改革仅仅历时十年，就使赵国一跃成为当时一流的军事强国。

同样的例子还有中国几千年来形成的宽容宗教政策。在西方国家，宗教问题是统治者们最为担心的问题之一，西方的许多战争、斗争、混乱都是由宗教而起的。反观我们中国文明的发展，就没有这样的问题。

东汉明帝时期，皇上派使臣到西域寻找两位高僧，一位叫作迦叶摩腾，另外一位叫竺法兰，请他们到当时的都城洛阳。这两位高僧随着使臣，牵着白马驮着佛经就来到了当时的都城洛阳。后来在洛阳建立中国第一座寺庙，称为“白马寺”，佛教就此传入中国。东汉末年张道陵的五斗米道和张角的太平道的创建，标志着道教的兴起。加上先秦就已经产生的儒家，儒释道三家的对立、纷争、融合在历史长河中慢慢展开。从魏晋时期开始，儒释道三家就已经显现出“三教合一”的倾向，各个教派之间不但没有武力冲突，文化上也很少对立。到宋代，儒士苏轼与僧人佛印交友的故事已经广为流传。

综上，通过我们分析中华文明慎终追远的丧葬观、集体主义的价值观、兼收并蓄的包容观，可以清晰的看出同一性是中华文明的重要特征。在具体地方上虽然呈现出不同的民俗文化面貌，但在整体上作为中华儿女、作为一个中国人，我们的思想已经深深刻上了“四海一家”的烙印。

第二节　连绵不绝的延续性

中国历史悠久，民俗文化的传承也源远流长。在当下生活中被我们视为常态的民俗事项，从历史角度深究，往往能追溯到几百年、上千年，有的风俗甚至与初始的部落社会也有关联。至于产生这种现象的原因，一方面是因为民俗本身就具有稳定性，也就是说一项文化活动一旦被社会群体中的大多数人接受，那么它将会成为一种相对稳定的生产或生活方式长期伴随人们的生产或生活而存在。另一方面我们还需要看到的是，如上一节最后所讲，中华民族自古以来就存在大一统的政治倾向，对中国历史而言，统一、稳定是常态，分裂、混乱是非常态。而且每当经历过一段国家四分五裂之后，整个社会都在呼吁“有德之人”统一天下。正是这种大一统的倾向促进了社会的稳定，而当所处的社会结构越稳定，民俗事项的稳定性也就更强。综合这两个原因，我们能够明显的看到中华民族的民俗文化的源远流长、绵延不断。在此，我们主要通过对春节、元宵节、中秋节三个节日的历史衍变理解中华文明连绵不绝的延续性。

首先谈对中国人来说最为重要的节日——春节。春节象征着过去一年的结束和新的一年的开始，我们经常用“辞旧迎新”一词来描绘春节。对传统农民来说，春节之际正是农闲之时，辛苦了一年的人民用各种各样的方式庆祝这阖家团圆的日子。因此，春节也是各地民俗活动最集中、最热闹的时候。

春节有着悠久的历史。早在殷商时期，每到年头岁尾，人们都要举行腊祭祈年活动。这里所说的“腊”，有学者考证它源自远古先民的一支尹耆氏的祭祀。腊祭主要是祭众神和先祖，感谢神灵给人们带来五谷丰收，也祈望来年有好收成。《春秋穀梁传》记载：“五谷皆熟为有年。”“有年”就是指收成好。所以直到现在还有“丰年”“荒年”“年成”这样的词语。

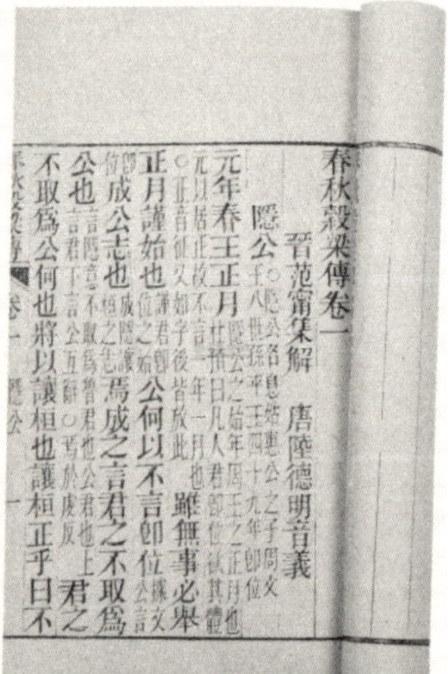

《春秋穀梁传》书影

随着历史的发展，到了汉代，过年已成为一种普遍的社会风俗。关于“过年”的来历民间流传着许多传说。“年”字，按古汉字的写法是一个象形字，像个大壁虎，有头有尾，脚向四面伸开。在某些地区的民间传说中，“年”是个怪兽，它行动敏捷迅速，平日里毁坏庄家，伤害百姓。尤其到了隆冬季节食物缺乏时，“年”就出来为祸，害得人们心神不宁。后来，天神为了惩罚“年”，把它锁进深山，每年只许它出山一次。每到腊月三十晚上，人们就在家里不出门，彻夜不睡，随时准备和“年”搏斗，守卫家园，因为谁也不知道“年”什么时候会闯进来。于是，过年就像过关，因此把“年”叫作“年关”。据说有一次“年”又出来了，正好村子里一户人家正在烧一堆竹子，炸得啪啪乱响，“年”不知何物，赶紧逃跑。转身时，“年”看见人家绳子上晒了一件红衣裳，红颜色闪得它眼睛睁不开，于是逃得更快。它想闯进一户人家弄些活物填塞肚子，谁知那家的烛光刺得它头昏眼花，它赶紧躲进深山老林中，再也不敢出来了。从此，人们知道了“年”的许多弱点，怕响声、怕红色、怕火光，因此，每到“年”出来时，人们就放鞭炮，在门上贴上红纸，敲锣打鼓，并且在屋子里点上蜡烛。

魏晋时，出现了除夕守岁习俗的文字记载。如晋朝周处所著的《风土记》中记载：“除夕之夜大家各相与赠送，称‘馈岁’；长幼聚欢，祝颂完备，称‘分岁’；终岁不眠，以待天明，称‘守岁’。”唐代时，人们除了登门拜年，还发明了一种“拜年帖”。唐太宗李世民用赤金箔做成贺卡，御书“普天同庆”，赐予大臣。这一形式迅速在民间普及，当时这种“拜年帖”被称为“飞帖”。

宋代时民间开始普遍用纸筒和麻茎裹火药编成串做成“编炮”（即鞭炮）。除夕、春节放爆竹之俗便逐渐盛行。《东京梦华录》说：“是夜，禁中爆竹山呼，闻声于外……”在宋代，还有春节饮屠苏酒的习俗，上述习俗在王安石所作《元日》中有这样的体现：

爆竹声中一岁除，春风送暖入屠苏。
千门万户曈曈日，总把新桃换旧符。

明代，接灶神、贴门神、除夕守岁、十五赏灯会等习俗已经盛行。《万历嘉兴府志》中记载：“除夕，易门神、桃符、春帖，井碨皆封。爆竹，燔紫，设酒果聚饮，锣鼓彻夜，谓之守岁。”清代非常重视过年，宫廷过年十分奢华，皇帝有写福字下赐群臣的习俗。过年要一直延续至元宵佳节才算结束，猜灯谜是甚为流行的取乐方式。晚清至民国时期，虽然春节习俗受到西方文化的冲击，但春节仍旧是中国人一年中最重要的节日。

其次谈元宵节。在安徽农村，流传有这么一句俗语：“正月十五大似年，吃块肥肉好下田。”这一方面说明了在某些地区元宵节和年节一样重要，另一方面也道出了元宵节在时令中的意义，它标志着年节休闲的结束和年后劳动的开始。为了更好地迎接年后的劳动，在元宵节必定要来一场“最后的狂欢”，所以也就有了“正月十五闹元宵”的说法。在北方某些地区将元宵节几日的游艺活动称为“扮玩”，一般有舞龙、舞狮、扎彩灯、抬杆、踩高跷、搭灯棚、划旱船等游艺项目，这实际上是一种社火表演形式。

相传元宵节始于汉代。在汉高祖刘邦死后，皇后吕雉篡权专政。吕后死后，大将周勃和丞相陈平等人平定“诸吕之乱”，拥戴刘邦儿子刘恒即位，这也就是后来的汉文帝。因为平定叛乱的日子正好是正月十五，所以此后每逢这天夜晚，汉文帝都要微服出宫游玩，与民同乐，以示纪念。于是，这一天就被汉文帝定为“元宵节”。需要看到的是，道教对元宵节也有着非常重要的影响。道教有所谓“三元神”，即上元天官、中元地官、下元水官，这三位官神分别以正月十五、七月十五和十月十五为诞辰日，这三个日子在古代分别称为上元节、中元节和下元节。所以元宵节又叫“上元节”。

由于元宵节有张灯观赏的习俗，因此也称为“灯节”“灯夕”。东汉时，佛教传入中国。佛教教义中将火光比作佛之威神，灯一直是佛前的一种供具。汉明帝为宣扬佛教，敕令在上元之日“燃灯敬佛”，并亲自到寺院张灯，以示敬佛。从此以后，元宵张灯便蔚然成风，相沿成俗。

隋代时，隋文帝提出节俭治国，对民间社火活动并不支持，甚至严令禁止元宵节张灯和游艺。到他儿子隋炀帝执政时，炀帝骄奢淫逸，声色犬马，元宵节的热闹场面正受炀帝喜欢，因此每逢元宵节他都花费大量钱财，大办特办。

到唐代，元宵灯节成为固定节日，灯节时长从汉代时的一天增加到三天。唐代京城长安历来实行宵禁夜晚不许人们出门但唯独在元宵节期间的三个晚上解除禁令，以让百姓看灯。

长安城十里长街，游人如云，热闹非凡。崔液《上元夜》诗云："谁家见月能闲坐，何处闻灯不看来？"苏味道《正月十五夜》诗中的"火树银花合，星桥铁锁开"两句更是脍炙人口，以至"火树银花"一词成了后来比喻灯光烟火绚丽灿烂的一个成语。唐代国力强盛，社会富足，元宵灯会也成了王公贵族争强斗富的场所。据《开元天宝遗事》载，唐明皇李隆基下令建造了一座高一百五十尺的大灯楼，光照长安。杨贵妃的姐姐韩国夫人不甘示弱，特意制作了一座"百枝灯树"。灯树高八十尺，"竖立高山，上元夜点之，百里皆见，光明夺目"。

在宋代，上元张灯之俗更为繁盛。宋太祖赵匡胤下诏元宵灯节从三夜增加到五夜。我们从宋代大词人辛弃疾的词《青案·元夕》的上阙中，可看到当时元宵佳节的盛况：

东风夜放花千树，更吹落，星如雨。宝马雕车香满路，凤箫声动，玉壶光转，一夜鱼龙舞。

宋代元宵节期间，官府鼓励市民前往观灯，规定凡到御街观灯者赐酒一杯。因此观灯者人山人海，通宵达旦。统治者以灯节来炫耀歌舞升平，却往往给穷苦百姓造成一定负担。

元代，蒙古族入主中原后，为适应汉族习俗于元宵节在宫中掌灯庆祝。明代时期的元宵节放灯时间更延长到十天，从正月初八直到正月十八。此外还增加了要狮子等娱乐项目。明代小说和戏曲中有许多关于元宵节的生动描述。

清代也举行元宵节庆祝活动，但放灯时间只有五夜，从正月十三到正月十七，并把正月十五作为正灯。清代除前代已有的种类繁多的花灯外，还出现了冰灯。满族入主中原后，把冰灯也传入了中原。清代元宵节的娱乐活动更为丰富多彩，除舞狮外还有舞龙、跑旱船、打腰鼓、踩高跷等。这些活动对近现代的民间社火都产生了很大影响。

最后谈中秋节。农历的七月、八月、九月为秋季，八月在这三个月的中间，而八月十五又在八月的中间，所以这个节日又叫中秋节。中秋节在农历八月十五日，月逢十五，格外圆满，人们因月圆而想到一家人团团圆圆，所以中秋节又叫作团圆节。中秋节有拜月、赏月、吃月饼等习俗。

中秋节最早起源于古代的祭月活动。古时候，每年春天播种前要进行“春祈”活动，以祈求土地神赐予五谷；到秋季八月中旬，正是收获的季节，要拜谢土地神，这就是“秋祀”。秋祀是一种仪式，不仅要拜土地神，还要拜月神。因为古人认为五谷丰收离不开月亮，如果没有月亮赐予露水，没有月亮圆缺以计农时，丰收也是不可能的。据《礼记》记载：“天子春朝日，秋夕月；朝日以朝，夕月以夕。”意思是，天子在春天祭日，秋天祭月；祭日在早晨，祭月在夜晚。可见，早在先秦时代，就有帝王在春天祭日、秋天祭月的礼制。

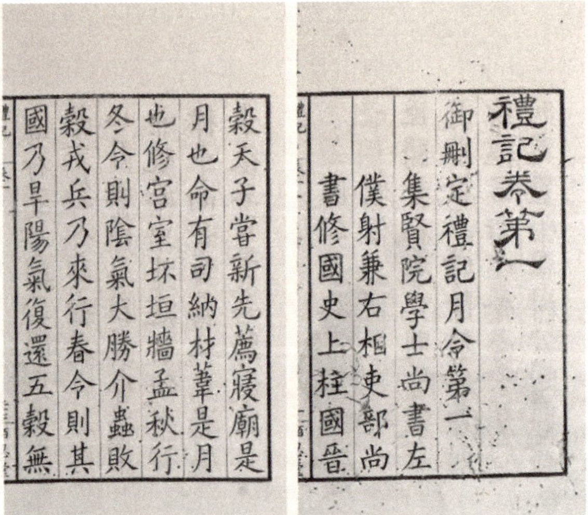
禮記卷第一
御刪定禮記月令第一
集賢院學士尚書左
僕射兼右相吏部尚
書修國史上柱國晉

穀天子嘗新先薦寢廟是
月也命有司納材葦是月
也修宮室坏垣牆孟秋行
冬令則陰氣大勝介蟲敗
穀戎兵乃來行春令則其
國乃旱陽氣復還五穀無

《礼记》书影

到魏晋时代，史书上便出现了赏月活动的记载。《晋书》记载：“谕尚书镇牛渚，中秋夕与左右微服泛江。”这其实就是一次中秋夜的水上赏月之游。唐代盛行中秋赏月之俗，记载唐玄宗在位时期事迹的《开元天宝遗事》有：“中秋夕，上与贵妃临太液池望月。”唐玄宗李隆基曾下令在长安（今西安）太液池西岸筑一座高达百丈的赏月台，供他和杨贵妃中秋夜赏月之用，可惜此台在安史之乱中毁于战火，今尚存一台基遗址。唐代还将八月十五这一天正式定为“中秋节”。宋代的赏月之风比唐代更盛。每逢中秋佳节，京城里所有的酒楼都装饰一新，出售新启封的好酒。街市上水果铺子堆满新鲜佳果，豪门显贵都在自家楼台亭榭中赏月，琴瑟鸣奏，至晓不绝。市民则争先占住酒楼上的最佳位置，以先睹月色为快，并安排家宴，阖家团圆。

明清之际，到中秋节时，家家设宴，以酬佳节。宫廷里的祭月活动更具规模。据说北京的“月坛”，就是明朝嘉靖九年（1530年）修造的供皇家祭月的地方。北京的颐和园，也是清朝慈禧太后率大臣、后妃和宫女祭拜月神的场所。

自古以来，中秋被人们看作亲人团聚的节日。“月圆”象征着“团圆”，即使亲人身在异处，但当一轮明月普照九州时，人们仍可两地遥望圆月，彼此默默为对方祝福。正如苏东坡的咏月名句：

明月几时有？把酒问青天。不知天上宫阙，今夕是何年。我欲乘风归去，又恐琼楼玉宇，高处不胜寒。起舞弄清影，何似在人间？转朱阁，低绮户，照无眠。不应有恨，何事长向别时圆？人有悲欢离合，月有阴晴圆缺，此事古难全。但愿人长久，千里共婵娟。

——苏轼《水调歌头·明月几时有》

综上，我们可以看到在讨论春节、元宵节、中秋节这三个节日的变迁时，很容易就能找到一条脉络清晰的时间线，在这条时间线的每一个节点上节日的面貌都有迹可循。非但节日习俗如此，中华文明的其他文化因素也是如此。早在先秦时期，中国的基本政治制度的文化精神已经奠定，在后世虽然出现了王朝更替和人口迁徙等影响，但其最基本的文化线索和社会主体没有发生断裂。中国人乐于接受先辈留下的东西，并愿意将它传授给后人，正如孔子在《论语·述而》中所说“述而不作，信而好古”。任何一传统事项都有它的历史可以追寻。部分西方学者将中华文化的延续性看作是文明的“停滞性”，认为中华文化发展几千年后已经成为定制，只是不断地重复着原有的生活方式。这一思想在后来学界也遭到批判，随着“西方中心论”和“西方中心主义”遭到批判，我们更加客观地认识到世界的发展在不同地区有不同的文化面貌，如果我们讨论任何文明都以西方文明作为考量和标准，这无疑是错误的。所以说，中国社会环境相对比较稳定，而且中国自古以来就有重视历史的传统，这进一步促进了中华文明的连绵不断的延续性。我们相信，因为中国有积淀如此深厚的文化，在未来节日文化、民俗文化乃至中华文明也将会绵延向前发展。

第三节　中华文明的“礼俗”特质

“礼俗”特指中国传统社会中礼俗相交、以礼节俗的一种社会状态或文化特质。溯其源流，礼是先秦时期上层社会的建构，俗则是各地民众长期形成的生活习惯，但在中国社会语境中，二者之间的联系似乎从未割断，而一直是互动互补的关系。

“礼”与“俗”的关系，有民俗学者称为“礼俗互动”。在“礼俗互动”的实践过程中，逐步体现出礼俗一体化的趋势，这又促进了中国社会的长期统一，以及中华文化的不间断发展。“礼”与“俗”不仅在国家意义上可以讨论，当我们放眼于广大的基层社会，它也作为一种社会现象在民间表现丰富。在日常待人接物以及人情往来中，同时具备“礼”与“俗”的双重因素。在某些时候，“礼”在深深影响着“俗”，而“俗”又通过转化变成了“礼”的形式。

可以看出，无论“居庙堂之高”的上层社会还是“处江湖之远”的民间社会，都深深蕴含了一套隐形的“礼俗逻辑”。“礼”与“俗”影响着中央和地方的文化发展，并在近代促进了民族国家观念的形成。从“礼”与“俗”的角度观察中国，是理解中华文明的重要角度。在中国古代，社会就不乏“礼”与“俗”的讨论。我们会发现“礼”与“俗”的含义经过了不断变迁。有关于“礼”的起源，有以下几种说法：

1. 礼物说。“礼”起源于原始社会的礼物交换，也可以说是起源于日常生活中的交流。此观点实际上是在说风俗仪式是在人们的交往中形成的，且遵循着礼尚往来的原则。

2. 宗教说。“礼”起源于宗教祭祀。持这种观点的代表人物有王国维、刘师培、郭沫若、何炳棣等。有学者也提出，礼是在原始巫术礼仪基础上，经后世统治者对其规范化和系统化而形成的。汉代的许慎在《说文解字》中以“事神致福”来解释“礼”字，就表达了此观点。

3. 礼俗说。“礼”源于“俗”。最初的礼是对风俗的选择、改造和利用。可以说大部分礼仪内容由俗而来，或借用风俗仪式的程式，或根据风俗仪式的程式规则创制新礼仪，等等，但礼义基本上是全新的。

4. 仪式说。“礼”源于仪式活动。在新石器时代晚期，人们已经习惯把氏族部落中重要的事以特殊的仪式进行呈现。这种呈现一般以特殊的动作、象征物品作为渠道，用来表达自己的感情和愿望。这些礼仪，不仅成为社会生活的传统习惯，而且常被用作维护秩序、巩固社会组织和加强部落之间联络的手段。无论“礼”起源于什么，从时间上来看，在孔子之后，经历了礼崩乐坏的春秋战国时期和二世而亡的秦帝国时期，到汉武帝时，随着采纳董仲舒提出“罢黜百家，独尊儒术”政策思想，“礼”逐渐趋于稳定，“礼”与“法”构成了统治者统治国家不可或缺的两个手段。

了解过“礼”后，我们再将视角转到“俗”上。在人类进入阶级社会之前，被视为习惯且自然遵守的“俗”已经产生了。从字源的角度来看，《说文解字》将“俗”释为“习”，又将“习”释为“数飞。”也就是鸟不停地拍动翅膀学飞的意思，这是一个重复性的动作，且有模仿义在内。由此可见，“俗”指一种通过学习而不断重复的事物，它需要一定的时间来完成。现代汉语中还保留着这个释义。在那时“俗”主要基于部落社群最基本的生产、生活需求而产生，因此在社会实践中更具有随意性和偶然性。

先秦典籍中是这样引用“俗”的：

殷人作，教民不知极，将明道极，以移其俗，作《命训》。(《逸周书·序》)

既历三纪，世变风移，四方无虞，予一人以宁。道有升降，政由俗革，不臧厥臧，民罔攸劝。(《周书·毕命》)

这两处“俗”都是指风俗习惯，与许慎《说文解字》的释义基本相同。“俗”的用法还有稍稍不同的情况：

故圣人之为国也，不法古，不修今，因世而为之治，度俗而为之法。故法不察民之情而立之，则不成；治宜于时而行之，则不干。故圣王之治也，慎为察务，归心于壹而已矣。(《商君书·壹言》)

这里的“俗”应指现实的民意和风俗，也就是民情，它的含义比风俗习惯的内涵丰富一点，也可看作与原义一致。当然，“俗”的使用还有不同义的情况：

久处无过之地，则世俗听矣。(《文选·答魏太子笺》)

这里的“俗”就是俗人、众人，即民众的意思。这和上面的意义不同，是词义转移的结果。可以说，上面所举的“俗”为“风俗习惯”和“民众”的意义，与现代汉语的“俗”义相同。而本章节所说之“俗”主要是作为与“礼”

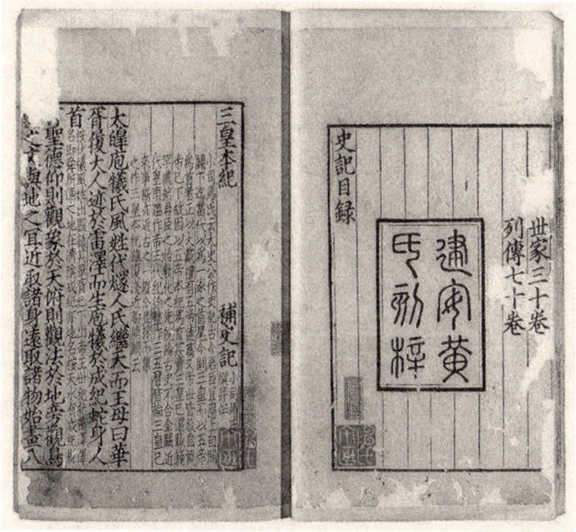

《史记》书影

相对来讲的，所以将它限定在“风俗习惯”的含义当中。

在先秦以来众多文献资料中，有关“礼”与“俗”关系的论述有很多。如“礼俗、丧纪、祭祀，皆以地媺恶为轻重之法而行之”（《周官》），“古者……其岁时聚会以为朝觐、聘问，欢欣交接以为射乡、食飨，合众兴事以为师田、学校，下至里闾田亩，吉凶哀乐，凡民之事，莫不一出于礼。由之以教其民为孝慈、友悌、忠信、仁义者，常不出于居处、动作、衣服、饮食之间。盖其朝夕从事者……”“乡饮酒之礼，六十者坐，五十者立，以听役政，所以明尊长也……孔子曰：‘吾观于乡，而知王道之易易也’”（《仪礼 · 乡饮酒礼》），“道德仁义，非礼不成；教训成俗，非礼不备”“礼从宜，使从俗”“君子行礼，不求变俗”（《礼记·曲礼》）等。从上述材料可以看出，国家之“礼”在后世越来越发达且走向制度化后，“俗”逐渐呈现出潜在基层却依旧对国家政治产生影响的作用。

先秦之后，也有大量讨论“礼”与“俗”的文献资料。汉代人将“礼失求诸野”这句话假托在孔子身上，这表明汉人认为“礼”和“俗”之间存在密切的关系，甚至是源与流之间的关系。两汉时期的谶纬、魏晋南北朝时期的崇尚佛教、从先秦一直到今天都存在的祭社，都是全社会上下共享的文化，这些文化并无“礼”“俗”之分。可以说，我国传统社会的维持与运转，在相当程度上得益于整个社会所共享的一种文化传统——也就是“礼”的延续。一旦国家与民众之间的文化认同走向淡漠乃至没有了文化认同，民众对国家的认同也将失去基础。这种文化对民间来说便是“俗”的存在，对官方来说便是“礼”的生成。在其他更多时候体现了众多文化是“礼”与“俗”所共享的。

当然这并不是说在传统社会，就没有人主张“礼”与“俗”相分。一些知识精英会批评“俗”的鄙陋，这是由他们的社会身份不同所决定的。朱元璋确定礼制的时候，提出要拒绝偶像，认为用木主替代偶像就是“变俗为礼”了；唐代的狄仁杰、宋代的真德秀、明朝的魏校、清朝的汤斌等毁淫祠

（百姓自发修建的供奉未经国家官方承认神灵的神庙），都代表了某些社会中层知识分子的思想，他们都是主张移风易俗的代表。不过在这些事件的背后，都有其深厚的政治、经济、社会环境等因素的影响，我们不能对他们的做法一概而论，必须做到具体问题具体分析。同时，朝廷也一直通过赐匾、赐额、赐封号等手段，把民间信仰正统化，反过来却又鼓励了民间信仰的繁荣。在许多修建寺庙的碑记中，士大夫在撰写碑文时或引用儒家经典，或化用历史典故，或援引官方文件来说明这一庙宇是经过国家正统认可的。

晋祠中的宋塑侍妇女像

因此可以说“礼”与“俗”两者既是紧张对立，又是互动互补的。这一论点在山西晋祠的神灵供奉上体现得淋漓尽致。

相传，周成王幼时拿一片树叶和他的弟弟叔虞开玩笑，把他封在了唐地，也就是后来的晋国，后来，叔虞真的成了晋国的开国国君。叔虞去世后，他的后人在晋水发源地——现在的山西晋阳建立叔虞祠，后称晋祠。在北齐、唐代，宋代的太宗、仁宗时期，对叔虞多有封号加赏。因为山西缺水的特殊地理条件，当地民间逐渐自发兴起有关水神圣母的民间信仰。在宋真宗时，山西晋祠的信仰体系发生了变化，圣母殿的地位开始超过叔虞祠。宋太宗太平兴国年间重修的叔虞祠被改造成了圣母殿，熙宁十年（1077 年），朝廷敕封晋水源神为“昭济圣母”。晋祠主神由唐叔虞变为昭济圣母之后，晋祠已成为太原地区民间信仰的重要场所。之所以出现这种情况，是因为晋祠主神昭济圣母与当地百姓的日常生活具有更直接的联系，具体来说就是与这一地区的缺水的现状以及频频建设的水利工程紧密相关。这一过程生动地体现了象征着“礼”的叔虞祠与象征“俗”的圣母信仰的冲突与对立。因为圣母有着广泛的信仰基础，朝廷在封赏、加封号之时更加重视圣母。而对于这一建筑群最初的主神叔虞逐渐冷落。从中我们可以看到上层拥有“礼”的话语权的统治者们，为了稳固统治，也会考虑到百姓的所思所想，更偏向于代表着“俗”的圣母娘娘。

面对这一变化，将自己视为“礼”的捍卫者的文人们非常郁闷，也相当不满。士大夫阶层代表元代的元好问和明代的苏惟林、顾炎武是中层文人的典型代表。他们有的通过历史考据上书朝廷证明晋祠主神为叔虞，有的撰文质问为何不祀叔虞而祀地方小神。士大夫们这些做法没有得到朝廷的响应，到后来，他们知道自己无力改变百姓对于崇祀水神的热情，只能另辟蹊径。清代史学家阎若璩改变思路，他试图证明圣母是叔虞的母亲邑姜，还顺带从儒家纲常伦理角度解释了为什么圣母殿将叔虞殿占有：之所以圣母殿为正殿，叔虞祠为偏殿，是“子为母屈者也”。这一说法企图让叔虞的地位重新得到重视，也为圣母殿建制超过叔虞祠找到了借口。但这只在小范围士大夫群体中流传，广大民众还是视圣母为水神，代表“绝对上层”的朝廷也不承认圣母就是叔虞的母亲邑姜。时至今日，在晋祠中以圣母和叔虞为代表的众多先贤、神灵共同受到供奉。晋祠的二元信仰格局的背后体现了礼与俗的关系，那就是两者既有冲突又有互补，时而紧张对立，时而又并行不悖。

“礼俗互动”研究的关键之处，在于理解中华社会如何通过贯穿着礼俗的政治智慧来管理国家，解释中华文明几千年来的发展脉络，从而建立一个中华文明史的理论表达模式。在这个大前提下，我们发现所谓的礼俗问题，其实就是中国的地方的多元文化如何与中央的一元文化相整合的问题。“礼”，成为国家体制的行为规范，是统治者关于自然与人类社会秩序知识、经验的总结，与我国传统儒家思想密切相关。从周公制礼到孔孟仁政，从董仲舒独尊儒术到宋明“理学”，“礼”是经过国家规整的行为规范，是道家的“道”、法家的“法”、儒家的“仪”的统一。“俗”，是约定俗成的行为规范，是根源于社会下层处理与自然、与他人关系的实践，以及人们关于自然与人类社会秩序知识、经验的总结。它又是形成、发展于日常生产生活实践中的，是人们日常生产生活实践秩序的体现，是地方多元的、民间的、俗的、自治性的行为规范。通过官方礼仪制度的设置，“礼”与“俗”在很大程度上相融合。

“礼”与“俗”，分别处于国家与民间的不同层次。“俗”一旦成为“礼”，上升为国家意志就具有规范化的功能和强制性的力量，要求对其他“俗”进行教化和整合。精英文化通过“以礼化俗”把观念形态推向下层民众，从而使世俗生活理性化，精英思想社会化。礼俗整合，使“礼”与“俗”相互依存、包容，双向增强了精英文化与民间文化的联系和交融。礼俗社会的存在，“以礼化俗”的教化使命，推动了精英思想的社会化。研究中国思想史，应该突破思想精英观念史的局限，贴近社会生活考察，从“礼俗互动”中把握中国思想的发展脉络，这是历史的实际，也是对中国思想史价值的重新评估。

时至近代，许多外国汉学家把中国概括成“礼仪中国”。

这样的称呼是有道理的，在中国上下阶层的、各地不同的文化内涵，通过礼仪的形式联系到了一起，而礼仪的形式中又同时包含了“俗”的内容，所以既可以把它理解成是一种“礼俗互动”，也可以看成是同一种文化，只是表现形式不同。其中既有士大夫的设计，也有丰富的乡土文化。

在此我们以清代赵执信与他写的《礼俗权衡》一书为例，讨论文化经营将礼制秩序向基层社会渗透的路径。赵执信是益都县颜神镇（今山东省淄博市博山区）人，康熙十八年（1679年）的进士，官至右春坊右赞善翰林院检讨。康熙二十八年（1689年），在佟皇后病逝的服丧期间，赵执信因被邀请去看洪昇排演的《长生殿》戏剧而遭御史弹劾，随后被削职除名，从此终身不仕。离开京城后，赵执信开始了或家居或南游的余生。赵执信希望通过自己家族对“礼”的遵循而教化地方之“俗”，起到“正礼易俗”的作用。他称自己家乡颜神镇属齐地，此地为穷乡僻壤，缺乏教化，没有浸染宋、元以前的“理学”。自幼在当地风俗环境中长大的赵执信，深深感受到他家乡缺乏礼仪。中年以来，阅读过大量儒家经典，尤其在京城深度感受国家的礼仪后，他开始发现“乡之俗殊有不可解者”（《赵执信全集》）。赵执信期望通过自身对礼俗的见解和改革，来影响乡里之人，也正是赵执信在《礼俗权衡》序言中提到的“有欲因俗而行礼者，或有同好焉”。从此我们可以清楚看到，“礼”与“俗”从来不是互相对立的两面，作为乡宦的士大夫，一方面掌握礼仪典籍和王朝推行的礼制规章，另一方面也熟知家乡的风俗，因此他们希望告诉颜神镇乡民哪些是符合礼仪规范的风俗，哪些是“恶俗陋习”。也就是说，在乡村社会中，乡宦的士大夫是拥有“礼”的最终解释的核心人物。

结合前面的论述，我们很清楚地看到身居社会中层的地方士绅或者知识分子在传递“礼”与“俗”的过程中发挥了何等重要的作用：一方面，当地方下层民众的“俗”的诉求产生时，中层的地方士绅或者知识分子有责任把这些想法告知官方；另一方面，当中央官方统治者下达某项代表着“礼”的政令，推动某一政策施行时，中层的地方士绅或者知识分子这时就成了上层声音的传话筒，他们可以利用通俗简单的语言让底层百姓理解并接受上层的意图。

中国社会所具有的浓厚的礼俗性质，也被国内外人类学家、社会学家比较早地指出，如著名社会学家费孝通先生曾提出中国古代的乡土社会属于礼俗社会。民间的礼俗，作为基层社会中用于维持生活秩序的政治文化传统，对国家礼治目标的实现具有决定性作用。不同于一般“礼仪之邦”的说法，费孝通先生是在对中西社会进行类型比较中得出这样一个客观认识的。费孝通先生是想说明中国与西方的近代文明社会，有一个很大的不同，中国的乡土社会在维持秩序时所用的力量和所依据的规范，是礼，而不是法。也可以说中国的传统乡土社会像是礼治社会，而西方社会则像法治社会。

中华文明内部通过“礼”与“俗”运作出一种自我革新、相互制衡的机制，是中国传统社会运行并向近现代变迁的可能路径，是中国的社会属性。就中西方社会在文化上的根本差异而言，中国是一个“有礼乐制度的社会”，而西方大都是“有教会的社会”。中国的礼乐制度在国家与社会的层面上下贯通。这个礼乐制度既是政治的，又是文化的，而且是具有宗教意义的。礼乐制度渗透在中国社会的方方面面：体现在地域上，这便是“普天之下，莫非王土”的国土观；体现在家族上，这便是“父慈子孝，兄友弟恭”的亲情观；体现在个人上，这便是“正心、诚意、修身、齐家、治国、平天下”的人生观。具体到地方社会中，我们可以看到家族的宗祠、地域性的庙宇等，这些都可以被视为礼乐制度在地方的渗透。而且礼乐制度在被外化于物的同时，早已被传统的中国人内化于心。

我们在乡土调查中发现，各村各镇都有民间庙会、宗族祭祀、节日演剧、婚丧嫁娶等仪式活动。这些仪式活动的规制都可以看作是地方化的礼乐制度，是与国家主导的礼乐制度相互衔接并相互作用的。这些仪式活动构成了一个个具有政治象征性的文化区域，以其强大的惯性和感染力，深深地影响着广大村民、市民的生活节奏与文化认同感，有力地维系着由国家统一管辖下的地方社会的生活秩序。在当今的中国社会里，我们依然能够感受到礼乐制度的影响。除了传统的节日，宗祠和庙会等祭祀痕迹也顽强地保留在乡村，我们甚至会看到传统礼俗的活动以及一些组织形式，也渗入到今天的城市生活当中。

从“礼”“俗”互动的视角考察中国人的衣食住行，有助于我们深入认识中国的特殊社会精神。例如中国人传统的住房多以平面建筑为主，有钱人在住宅上的炫富更多是扩大建筑面积，而非增加建筑高度。地理环境、建筑材料固然会对住宅形制产生影响，更重要的原因在于传统社会制度的制约和对传统社会观念的崇尚，缘于礼制中以尊卑贵贱的等级限定民居的高度，即使拥有钱财，也不能随意建高层。说到这我们也需要反思中国作为“礼俗社会”在当下应该发挥什么样的作用。具体来看，对先人“慎终追远”的态度，对国家“天下兴亡匹夫有责”的担当，将自然视为“皇天后土”的敬畏等优秀的美德、精神、传统思想值得我们代代相传；但在社会发展中，经过证实是错误的落后的，如愚忠愚孝、蒙昧迷信等糟粕，要坚决与之划清界限。

历史学者赵世瑜说：“国家礼治理想的实现，从根本上来说，必然要依靠民间大众的认可和践行。”中国基层社会中的一些礼乐制度，之所以能够在维系生活秩序上有巨大作用，是因为契合了民间自发形成的“俗”，与体现尊卑、远近关系的各种交往习俗相联系，与日常待人的礼节难解难分，所以在习惯上都被称作“礼俗”。实际上，在基层中国社会，“礼”与“俗”的界限已经十分模糊了，在处理乡村的红白喜事、婚丧嫁娶事宜的时候，结合了古代《礼记》文献和地方规则所形成的仪式，我们很难将它定义为“礼”或者“俗”。例如在河北省的一些农村，人们把庙会期间各个村庄香会之间的互相走动和敬神献礼的过程都统称为“讲礼”，而平时也会把参与婚丧嫁娶的行为叫作“讲礼”。这说明，礼不只是在庙堂之上，也在民间的你来我往之中。

在封建社会，国家治理与地方实践中“礼”与“俗”有条不紊、按部就班地相互影响、运行着。时至近代，“礼”与“俗”的关系及“礼”“俗”互动的形式出现了变化。北京大学《歌谣周刊》为代表的现代歌谣运动，以现代知识分子对民歌、故事、风俗的发掘为标志，开启了礼俗传统的现代转变之路。民歌、故事、风俗等传统之“俗”，在当时是以正统文化的异己或他者的形象而呈现的。

1928 年顾颉刚在《民俗周刊》发刊词上说，“要打破以贵族为中心的历史，打破以圣贤文化为固定的生活方式的历史，而要揭发全民众的历史”，这一运动以圣贤文化传统为批判对

顾颉刚先生

象，高扬民众历史观。政治中上层与下层被塑造出来的对立导致的必然是文化上下层的分野。基于此，就必然要将当下社会和文化理解成“礼”“俗”分立甚或对立的状态，如提倡“白话文运动”，与贵族文言文对立；发动启蒙民智的“文学革命”，以颠覆“旧文化”的一统天下等。传统的“礼”“俗”话语，此时被设定出明确的边界，然后以“民俗”“民间文艺”指称当时社会绝大多数人的生活或文化，将“民心”“民智”“民生”等概念用作社会革命或改革的依据。

关于礼俗互动的想法是以礼俗二元对立为前提的，而这种认知很大程度上是根据我们处于现代的政治与文化变革中得出的结论，这些结论不能简单地套用在现代化以前的中国历史上。在前文中，我们更多从双方斗争的角度讨论“礼”与“俗”，但是需要时刻注意的是在现代乡土中国“礼”与“俗”的界限已经没有那么清晰了。“礼”与“俗”既可以作为一个相对的概念进行讨论，又可以连成“礼俗”，成为礼仪习俗的简称用来形容传统中国社会的文化面貌。我们仍然可以说，“礼俗互动”或者说国家的政治文化与民间的政治文化的脱节与衔接，一直贯穿于历史发展的始终，它的发展和延续在不同历史时期可能呈现出不同的形式，但其内核是不变的。

综上，当我们从“礼”与“俗”的历史、“礼”“俗”互动的运作机制和中国的礼俗特色三个角度对“礼”与“俗”进行考察过后，可以看出上层统治者与下层民众的对立与接触是理解中华文明的新的视角。有别于传统历史学那种只关注帝王将相、才子佳人的故事，那种单纯注重王朝史、政治制度史的路径已经稍显陈旧。新文化运动的领导者们振臂一呼，民众的地位，民众的历史、民众的视角得到发现，正是基于这一前提，“礼”与“俗”的关系也逐渐受到重视。“礼”“俗”互动注重的是从社会上层和下层两个方面对中华文明进行讨论，中华文明也正是在上层的“礼”与下层的“俗”交替影响下实现了不断发展。“礼”与“俗”的互动促进了社会的一体化和集权化，也保证了中华文明的稳定性和传承性。社会的和谐发展正是在大传统（礼）和小传统（俗）的良性互动中不断完善的。“礼”代表了官方意志和国家权威，占有主流地位；“俗”代表了民间思想和地方呼声，象征着非主流。在“礼”“俗”互动中，“礼”不会恃强凌弱，对所有地方话语充耳不闻；“俗”也不会一意孤行，全然忽视国家的政令法度而肆意妄为。“礼”与“俗”在经历交锋、对抗、妥协、转化中得出双方都可接受的“最优解”。这个过程就是中国社会在处理中央与地方关系时长治久安的玄机所在，也是地域辽阔、风俗各异的中华文明始终趋向大一统的重要原因。

第五章

现代文明与传统民俗

八荒争凑，
万国咸通。
集四海之珍奇，
皆归市易，
会寰区之异味，
悉在庖厨。

——《东京梦华录》

文化是流动的，民俗也是一样。民俗文化从来不会一成不变，其发展是一个不断更新、替换的过程。正如宋代理学大儒朱熹在《观书有感》中所说："问渠那得清如许？为有源头活水来。"在漫长的历史长河中，有诸多古俗被遗忘，也有大量新俗为人民所接受。当某一地方文化受到国家统治者的认可之后，将会成为全民之俗。同理，若国家强行推广某一并无群众基础的“文化政令”时，也极有可能遭到人民的摒弃。经历了五千年的文明洗礼以及近代西方文化的影响，当代中国民俗已经呈现出全然不同的面貌。当代中国民俗伴随着中国历史现代化进程而发展，它受到政治民主化、经济全球化、文明多元化等多方面因素影响。

具体来说，在当代民俗文化发展过程中，受到城市化过程影响，过去的村落乡镇俨然变成现代都市，流行于村落中的民俗面对生存环境的城市化改变也呈现出不同的面貌。改革开放后，我国积极融入国际社会。2003 年 10 月 17 日，联合国教科文组织第 32 届大会通过了《保护非物质文化遗产公约》(以下简称《公约》)。2004 年 8 月 28 日，全国人大常委会批准在第 32 届联合国教科文组织大会上通过的《公约》。保护非物质文化遗产（以下简称非遗）已是全社会达成的共识，与非遗密切相关的民俗文化在这一时期出现了新的变化。我们可以看到在历史的滚滚洪流下，民俗文化不但在推陈出新中起到凝聚人心的作用，而且在未来，民俗文化也会在中华文明中熠熠生辉。

第一节　城市文明与民俗新变

城市是人类文明的产物，是人类进入文明社会的标志之一。“城市”一词源自“城”与“市”的结合。“城”，乃设防之壁垒；“市”，则是交易之处所。前者涉及政治、军事，后者涉及经济、民生。筑城守民，设市易货，古代“城”与“市”的概念遵循的是全然不同的思维逻辑，在功能上有着显著的差异。在原始社会后期，随着农业、手工业的发展，阶级产生分化，开始出现人口的空间聚集趋势，由此出现了史前早期城市。“城市”一词早在我国先秦时期就已经出现，《列子·说符》中记载：“齐有贫者，常乞于城市。”《韩非子·爱臣》记载：“是故大臣之禄虽大，不得藉威城市。”《战国策》记载：“今有城市之邑七十，愿拜内之于王，唯王才之。”在后来的中国古代史中，各地城市规模不断扩大，行业分工越发明显。尤其在宋代，坊市界限被打破，出现了勾栏、瓦舍等娱乐区域，这一场面在北宋张择端《清明上河图》中体现得淋漓尽致。到近代前夕，在我国东部地区形成了像北京、南京、苏州、扬州等一系列极具地方影响力的大型城市。

虽然在中国古代史上城市发展有极大成就，但是中国社会的主要面貌还是以广大乡村为主的“乡土中国”。直到近代，伴随着西方列强的入侵和资本主义经济的渗透，我国城市发展出现了新的局面。首先是传统的自给自足的自然经济解体，商业得到发展；其次是城市内出现工厂，资产阶级和工人阶级的对立关系产生；最后是代表近代文明的报纸、电车、银行等新鲜事物在城市中出现并为人们所接受。

改革开放之后，在城市文明快速发展的背景下，城市中民俗文化也呈现出了不同的风貌。当代都市民俗是古代和近代都市民俗的演变与发展，它适应社会转型、市场经济、文化建设的当代实践，并随城市现代化程度的提高不断发展。作为市民阶层的文化创造，当代都市民俗满足着当代市民对物质、社会与精神的各种需要，在文化的变迁与整合过程中发挥着服务市民阶层的多重功能，在当代都市的民间礼俗中，无处不显现着变迁的主题。关于当代城市文明礼俗变迁，我们将从两个角度进行介绍，分别是旧习俗的改造发展和新习俗的产生流行。

首先是旧习俗的改造发展。与传承在乡村的民俗一样，中国古代城市的文化发展也具有相对稳定的传承性。中国早期的都市民俗是基于本土文明发展的。古代的城市发展缓慢，而且与外界交流沟通有限，很少受到外来文化冲击，当某一习俗成为定制，基本上代代相传，很少发生变化。从近现代开始，随着科学技术的突飞猛进，知识量增长，城市的发展无论从规模上还是数量上都出现巨大的飞跃，各种文明相对封闭的局面被打破，互相冲突，互相影响，互相渗透。尽管中国的传统文化本身具有强大的同化能力，但在西方各种习俗的渗透下，各种民俗也悄悄地发生变化，其中都市民俗的变化尤为明显。我们以都市文明下“七夕节”变迁为例进行讨论。

七夕节是中国的传统节日，其形态丰富，影响深远。七夕节在每年农历七月初七，因为有“乞巧”（女性向织女祈求智慧、心灵手巧）的习俗，所以，又叫作“乞巧节”。由于参与活动的都是妇女，所以人们又把七夕节看作中国古代的“妇女节”。过去，七夕节蕴含着多重节日含义，有父母对自己女儿健康成长的心愿，有人们对地方神灵“七姐”的信仰崇拜，有女性向织女求得心灵手巧的美好愿望，有牛郎织女鹊桥相会而显现出对爱情的期盼。与其他传统节日相比，中国历史上的七夕节因为始终伴随着牛郎织女的爱情故事而具有十分浪漫的色彩。

当代社会，七夕节的前几种节日含义渐渐消失，其爱情含义则得以加强。随着城市化进程的加快，人们都开始着力将七夕节打造为中国的情人节，对七夕节进行改造与重新建构。七夕节的当代传承中，其情人节倾向有两个明显的动力要素，一个是由人民团体主导、民间力量参与的七夕情人节传承要素，另一个是商业社会中企业主导的情人节取向要素。

由人民团体主导的七夕情人节活动不断增加，民间力量也积极地参与，发挥着推动作用。两种力量的融合，使得七夕节传统内涵中的爱情元素得以强化，并成为都市文化中七夕情人节传承的主要路向。在地方政府层面，我们以河北打造的“七月七爱情节”为例。2002年，由河北省文联、河北省民间文艺家协会、石家庄市文联等单位联合发起了“七月七爱情节”活动。一方面，这次活动改变了对“七夕节”的称呼，改名为“爱情节”，开展多项丰富多彩的文化活动，从而使“数十万人参与其中，沐浴了爱情的幸福与快乐”。另一方面，这次活动举办了七夕节文化研讨会，活动邀请了部分民俗学者，汇聚学者对七夕节作为爱情节合理性和正当性的系统思考。

在商业层面，大量商家为获得利润而推动本土情人节的设立与发展。西方情人节已让中国商家获利颇丰，中国情人节同样能带来商机。于是商家积极支持本土情人节，每逢七夕节便推出针对情侣的商品和服务，并组织以爱情为主题的商业活动，以年轻情侣为重点宣传对象，通过制造舆论的方法让越来越多的人接纳“七夕节”从“乞巧节”到“情人节”的转变，并参与到消费活动中。商家一直对七夕节中的爱情元素进行炒作，例如餐厅推出“情侣餐”、宾馆推出“情侣间”、商场推出“情侣装”等。七夕前后的巧克力、首饰甚至内衣等商品的需求量也不断增加，可以看出当代七夕节几乎完全商业化了。网络、电视、报纸等媒体对七夕节爱情活动的大肆报道也促使人们更关注七夕节中的爱情元素。七夕节发展至此与城市文明下政治和经济的双重渗透密切相关。

其次是新习俗的产生流行。新习俗的出现原因有很多，一方面是因为科学技术的进步和发展，人们生活水平和生活质量有了很大改善，许多便利于人们生活的信息要素应运而生；另一方面，因为社群交往模式的不同，城市生活流动性更强，没有稳定、牢固的社群关系，容易形成新习俗。在这里，我们以城市的游乐活动变化为例进行讨论。

游乐活动是都市生活的重要方面，体现着市民的生活质量，也反映着市民的生活情趣。游乐活动作为一定物质与社会条件的产物，服务于市民主体，发挥满足市民娱乐需要的功用。都市的游乐活动也与时俱进，不断增衍，其休闲空间的拓展、夜生活的繁盛、旅游的兴盛、向各类市场的延伸等，成为当代都市游乐方式更新的主要标志。

在休闲空间方面除了居室、街道、广场、公园等传统的休闲空间，我们可以根据功能需求，划分出“学习型”“交际型”“健身型”“游戏型”“消费型”等都市休闲空间。

“学习型休闲空间”，是指通过休闲的方式达到学习知识与技能的目的的空间环境。这种学习不同于学校教育，它是主动或被动的接触式学习，学习与游乐往往融合在一起。这类空间包括图书馆、展览馆、博物馆、纪念馆、美术馆、音乐厅、剧院、文化艺术中心、书城、动物园、植物园、名人故居、历史文化遗址等。其中博物馆、美术馆、图书馆等场所，还会定期邀请专家、学者、艺术家等人士举办讲座，服务市民。

“交际型休闲空间”，是指会见老友、结交新朋、增进友情、扩大交往的休闲娱乐场所。它是以人与人的接触为主旨，以占有一定时段的活动为项目，营造出特殊的空间和特殊的时间相交汇的效果，从而点燃友情的火花。当今都市的交际型休闲空间包括茶馆、酒吧、咖啡馆、自餐厅、旋转餐厅、KTV、电视塔艺术空间等可停留的静态空间，还包括观光车、游览船等动态的特殊空间。

“健身型休闲空间”，是指消除疲劳、锻炼身体、瘦身保健、竞技游戏的空间场所。它有别于街道、广场、操场等免费的公共场所，是专用的锻炼空间。都市的健身型休闲空间，小到跳操的美体馆，大到高尔夫球场，都因收费不同而对市民做出不同的分层和定位。这类空间有健身馆、美体中心、游泳馆、保龄球馆、射击场、网球场、高尔夫球场、溜冰场、桌球室、室内外人工攀岩场所等，以及让人发泄积郁的“出气吧”之类。近些年来，广场舞受到以中老年人为主的群体欢迎。每到夜晚，在家中吃过晚饭的人们都喜欢来到广场，在音乐的旋律下共同舞蹈，成为城市中一种独特的文化。

“游戏型休闲空间”，是指轻松娱乐、消磨时光、满足兴趣、乐不知疲的活动场所，它提供项目和器具，游戏人或主动或被动，或单一或复合，或观赏或参与，随兴致而选用，尽情享受是这类空间的活动主题。游戏型休闲空间有网吧、电子游戏厅、麻将馆、棋牌室、电影院、游乐场等。在近几年，还出现了狼人杀、剧本杀、桌牌游戏体验馆以及鬼屋、密室逃脱等游乐场所，极大丰富了年轻人的娱乐方式。这些都是综合锻炼体力、智力、身心的参与性游戏场所。

“消费型休闲空间”，是指购物、用餐、保健和接受各种有偿服务的休闲场所。它让消费者愉快地打发时光，感受轻松，获得购物的乐趣或放松的满足。这类场所包括商厦、超市、餐厅、快餐店、咖啡馆、美发厅、美容店、洗浴中心等。这些场所都是属于第三产业的服务业，也是城市生活不可忽略的一个部分。

综上，在城市文明迅速发展的背景下，中国的民俗文化呈现出全然不同的面貌，都市民俗成为市民生活需要，非但不是可有可无的，而且是不可或缺的。都市民俗对城市存在的有用性最好地表明了民俗存在的价值，可以这样说，凡是存在和发展着的都市民俗对这个社会都是有功用的，也都具有不可忽略的价值。

第二节 非遗时代的民俗生态

在全世界倡议和政府的支持下，“非物质文化遗产”这一概念渐渐为世人所熟知，保护、传承、弘扬各地非物质文化遗产也成为全民共识。

非物质文化遗产是指被各社区、群体，有时是个人，视为其文化遗产组成部分的各种实践、观念表述、表现形式、知识、技能以及有关的工具、实物、手工艺品和文化场所。非物质文化遗产包括以下方面：口头传统和表现形式，包括作为非物质文化遗产媒介的语言；表演艺术；社会实践、仪式、节庆活动；有关自然界和宇宙的知识和实践；传统手工艺。

不难发现，非物质文化遗产这一概念与民俗文化在一定程度上相契合并且有很大交集。“国家级非物质文化遗产名录”的门类是根据民俗学的范畴列出的，民俗的事项成为非物质文化遗产的主流。过去在地方被视为民俗文化的手工技艺、节日仪式、饮食习惯、故事传说，如今大部分都成功申报国家、省、市、县等不同体系的非物质文化遗产项目。从2006年国家公布“国家级非物质文化遗产名录”至今，我国民俗文化出现了新的发展面貌。

联合国教科文组织的标志

首先，非遗运动的推广促进了民俗的商业化和产业化。传统民俗文化项目除具有丰富的文化价值之外，也极具经济价值。非物质文化遗产概念的引入，在很大程度上起到了发掘民俗文化中经济价值的作用。社会主义市场经济体制越来越受到重视，文化与经济更加紧密结合更是在某些非遗推广活动中体现得淋漓尽致。非遗与市场经济的联系有很多，其中非遗走向商业化和产业化是其在经济上大放异彩的重要途径。在部分贫困地区，因为传统非遗手工技艺的推广，促进了这些地区的脱贫攻坚，非遗为全面建成小康社会，实现共同富裕也做出了突出贡献。需要说明的是，非遗助力民俗文化商业化、产业化有两类模式：第一类如民间手工艺、民间饮食文化等，民俗文化本身就是通过经济活动维系发展的，在非遗运动的推动下，其经济价值得到了进一步的开发利用；还有一类是本来服务于自给自足日常生活的活动仪式、服饰制作等，也因为非遗的引入产生了新的经济价值。

在此，我们以湖北非遗推进产业化的亮点为例进行讨论。湖北地方非遗部门和非遗主体以“文化性价值”为核心，提出打造特色非遗文化产品。“文化性价值”是文化遗产的精髓，成功提炼和包装文化遗产的“文化性价值”是非遗产业化开发成功的保证，也是保护与传承非遗的文化价值，保持其旺盛生命力和强大影响力的最好途径。如恩施土家族苗族自治州土家族的油茶、苞谷酒、油茶汤、五峰毛尖茶、泡菜、土腊肉等食品是当地名特产品，应进一步加强质量管理，在保持其原真性制作工艺的基础上进行规模化生产。

同时，湖北的非遗推广还注重与当代设计、艺术和现代生活对接，通过改革和创新，适应当代人的审美观念和商业需求。具体来讲，地方政府充分挖掘了非遗文化资源的深层内涵与创意符号，借助于内容和技术创新，扩展载体的丰度，从而突破载体局限，在民间工艺产品的内容、设计、造型、款式等方面注入时代气息，增强民间工艺的实用性、艺术性、审美性、现代感和市场性，最终实现从传统的单一文化产品向多元、现代、高科技转型升级。如长盛川青砖茶制作技艺注重产业创新，在运用机械工艺提升生产效率的同时，在关键环节上坚持保留传统手工制茶工艺，让传统制茶技艺与机械运作融合并存。木活字印刷利用3D数字模拟技术进行产品研发，采用“私人订制”的模式，根据旅游景点、教育机构、私人收藏等不同客户的需求，创作各类不同款式的产品，大大提高了产品研发效率和技术水平。又如剪纸以时尚明星、各类动物、文学故事等为内容和题材，来赢得各类消费者的喜爱。比如非遗缂丝服饰的内容取材于陶渊明的文学作品或故宫绘画精品，让非遗之美在更大的艺术范畴中得以呈现。

在赋予特定非遗产品以文化价值和文化含义的同时，还注重让民俗文化“回归”生活，为当代人所用。如将扎染技艺用于家庭装裱画、吊灯、茶室器物、家具、团扇等；对嘉鱼呜嘟、老河口丝弦夏布等非遗项目的核心价值进行融合利用，如通过“再设计”制作成呜嘟盘子摆件、呜嘟签字笔、呜嘟雕饰等工作、生活、休闲不同类型系列产品，既有传统特色，又不乏时尚新颖；还可按照功能将传统夏布开发成不同系列产品，如窗帘、屏风、桌旗、收纳包等实用性产品，老地图、壁挂、团扇等工艺品，书法、绘画作品。这样可以极大地提高传统产品的附加值，促进非遗文化的隐性传播。

其次，非遗数字化保护，很大程度上促进了民俗文化的记录、档案化，使大量文本、表演、实体形式等民俗文化得以保存。民俗文化发端于乡土中国，具有深厚的历史文化传统和底蕴。2010年以来，数字传媒和互联网发展迅速，中国进入数字化时代。在工业文明和科技现代化大背景下，非物质文化遗产保护中也注意进行数字化存档和数字化记录，极大地推动了对民俗文化的保护。

从时间维度上来看，非遗的保护与传承是中华民族传统文化记忆空间上横向流传和时间上纵向相承的结果。掌握丰富民俗文化的非遗传承人被誉为“人类活珍宝”，载体与对象处于分离状态，传承人大多文化水平不高，较少采用以文字的方式来进行传承，多沿袭因循守旧的方法，主体内容多是口头文化，通过人与人之间的口传心记、言传身教来实现传承，确保传承的准确性，但同时也导致其深陷受众面狭窄、效率低产、传播方式单一、对年轻人没有吸引力的窘境。还有一些非遗由于保护意识不强、传承过程中以家族式传承为主，存在因循守旧、保守不前、对新文化、科技认识不足等陈旧思想，久而久之，有些“活态文化”处于逐年消失消亡的状态，没有被完整记录，也再无从考究。我国非遗种类繁多，体系庞大，受地域局限，单个门类又存在的特征较为突出，故实施保护与传承的难度无形地加大。

随着社会发展变革，科学技术飞速发展，互联网作为信息爆炸时代发展的核心内容，充斥人类生活，发挥着对生产要素配置的优化和集成作用，形成广泛的以互联网为基础设施和实现工具的发展新形态。利用其创新驱动、开放互动、跨界融

非物质文化遗产昆曲的表演现场

合、重塑结构等特性，依托移动互联网、云计算、大数据等信息通信技术，对保护与传承非遗提供新的契机，便成为当下势如破竹的发展潮流。利用“互联网+”传播非遗，可弥补现存保护与传承的短板，并且能成倍地扩大好学人群，有效地冲破时间维度和地域空间尺度的“束缚桎梏”，降低经济、时间、距离成本，也有效地解决了那些想学却无师可求的问题，让学习者无须舟车劳顿在家便可以进行学习。非遗与互联网信息技术的有机结合，改变古老守旧的单一传承模式，扩大非遗资源传播覆盖范围，开展非遗资源辐射共享，影响更多的受众领悟非遗的艺术魅力，继而涌现更多的非遗继承者去弘扬与传承中国古老的传统文化和传统技艺。

与此同时，依托数字影像对非遗资源进行全面记录、信息采集、数字保存和资源管理，以“互联网+”为支撑，以语义智能检索为手段，以高速宽带网络传递为渠道，实施对非遗最大程度地传递信息、即时交互，方便受众获取学习资源。基于互联网信息存贮电子化、编辑便利化、检索快捷化等优势，现代数字信息技术更好地整理、收集、记录非遗信息，突破了传统意义的保护方式所不能达到的展示要求与保真效果。互联网的介入，让具有珍贵价值的图文、音影等资料，实现资源管理完整有序、长久保留与传承，让其顺应时代潮流得以更好地保护与发展，最终形成以互联网为载体，采用最新技术手段的非遗保护与传承新格局。

有学者认为对非物质文化遗产和民俗文化的数字化保护有以下三个途径，分别是非遗的网络化渠道传播、非遗专业化高端平台建构、非遗多元化空间展示。

非遗的网络化渠道传播指的是基于互联网可视化、社交化、互动化、使用者众多、跨时间与跨空间传递信息等优势，利用电脑、智能手机等新型端口，将互联网作为非遗的先进传播媒介。借助无线通信、移动互联网等可视多元的媒介方式传播非遗的基本知识和艺术精髓，打破时间、空间、场所的束缚，拓展非遗的网络化传播渠道，使之成为现代技术条件下适合于大众传播的新型应用平台。

让非遗传承人充分利用依托互联网和数字技术兴起的媒介为传播渠道，将身怀绝技的艺术制作过程、操作技巧等形成音像资料，借助互联网进行展示、散播与推广，深入渗透民众生活。以中国书法为例，首先由名师以经典名帖为底本，录制学书法视频上传至网络平台，并对名帖进行风格介绍、字法分析、笔法解析、示范书写。此过程使学习者从屏幕观看中便可获得理论知识和字法、笔法、章法等书法技巧，从而直观理解到书法线条的起笔、行笔、收笔的全过程，获得灵感，足不出户就得到了名师的指导。通过多途径多渠道传播中华优秀传统文化的深厚风韵，从而让人领悟非遗的文艺价值和精神价值，潜移默化产生强烈的文化认同感和文化自豪感，唤醒人们热爱民族和国家的文化自觉性和文化责任感，唤醒中华儿女对中国文化的热爱和自信，使之肩负重任，自愿参与文化保护与传承，最终成为非遗的守护者和继承者。

非遗专业化高端平台建构指的是以单独的类别为单位，根据非遗门类的难易条件，分门别类、因类而异搭建互联网专业非遗平台。以“政府监管、多方共享”为方针，为传承艺人提供资源平台并定期维护，搭建全国众多同行业非遗传承人进行技艺切磋、文化交流、提升自我的互联网平台，使之成为非遗爱好者欣赏艺术、获取讯息、学习技艺、交流心得的互联网平台，成为弘扬传播非遗的主要载体和有效渠道。以建立剪纸网络平台为例，包括剪纸最新动态、剪纸传承名家、剪纸知识、剪纸论坛、剪纸教学、在线试听、剪纸展厅等版块。

非遗多元化空间展示指的是运用 VR、AI 等高科技技术，展示非遗中民俗文化。利用摄影摄像技术，对非遗传承人的技法步骤、技能讲解、创作过程等进行现场全方位、多角度地实拍，直观形象、客观典型、真实完整地捕捉镜头。不仅记录非遗本身，同时将视角延伸至独特的原生态环境和文化生存空间中，记载其生存原貌、岁月历程、人文情愫，深挖蕴藏的文化信仰和民族精神，实现网上在线展播。对于全球化进程中的现代人来说，原生态民族文化背后有着广阔的蓝天、祖先的记忆和心灵的慰藉。利用 VR 技术，重构非遗的展示空间和传播方式。将非遗技术与艺术真实地还原，实现虚拟再现、可视化及互动操作，让学习者在虚拟的现实空间中获得真实的非遗技艺，让知识更易于普及大众，扎根群众。以非遗舞蹈类为例，对舞蹈的场景和人物进行真实可视化模拟构建，创造灵活多样的情景氛围。人们可以通过 VR 设备在虚拟场景中亲身体验感知非遗的魅力，跟随其中的歌舞演员和韵律一起舞动，增加娱乐性与趣味性；通过时空处理手段，有机地将真与美结合，营造舞蹈的多元交互的展示空间，从而达到非遗传承的目的。

在非遗影响下，民俗文化的保护与传承贯彻着“政府主导、学界主脑、民众主体”的具体方针。地方政府注重立足于本土特色，发挥在非物质文化遗产保护中的主导作用，通过政策制定、政策支持、资金扶持等方式促进非遗项目焕发新的生机；以民俗学、文艺学等为代表的专业学界立足其所在地方高校，为当地非遗文化的挖掘、非遗项目的保护有针对性、指向性地提出专业意见和学理性指导；民众是非物质文化遗产保护的主体，也是非物质文化遗产的文化载体，民众的呼声、诉求、意见决定着地方非物质文化遗产的发展状况，因此重视发挥民众的主体地位影响着非遗保护、传承的最终结果。与此同时，不容回避的事实是在某些地区这三要素之间并没有实现和谐联系互动而达到一种良性循环，极少数地区官员甚至为了政绩忽视非遗发展和保护的客观规律，学者处于猎奇心态“破坏式发掘”毁掉了非遗世代传承的文化语境。

除此之外，立足非遗角度保护民俗文化还存在一些问题。比如在非物质文化遗产的层次划分上，冠以国家级、省级、市级、县级的行政等级，如果从濒临消亡和亟待保护程度上来看，这样划分有一定道理。但是，狭隘地将文化价值用行政等级进行区分，这样不但伤害了民俗文化的普遍价值，而且使得列入非物质文化遗产名录的民俗项目受到伤害。攀比非遗等级背后已经不只是文化的高下之分，其中还暗含着政治、经济的博弈。那些本应列入却没有被列入非物质文化遗产行列的项目，不但会遭到歧视甚至可能受到破坏。但凡某种文化是民俗文化，我们就应该尊重它的价值，不管它在世界范围有广大影响还是仅仅活跃在某一小小的区域。我们要时刻记得创立非物质文化遗产这一概念的初衷是为了保护民俗文化这一整体，而不是将民俗文化划分出三六九等。

从宏观上看，以民俗类非物质文化的传承为切入口，既保证了非物质文化遗产的原真性、整体性，又在坚持核心要素不变的前提下根据实际情况作出适当调整，使民俗类非物质文化在传承和利用中得到保护。同时，民俗类非物质文化遗产的传承又需要政府、教育部门、全体民众的齐心合力，只有达到了民俗类非物质文化遗产传承中的全民参与、民众共享，才能真正使非物质文化遗产充满活力并发挥其现代价值。

第三节　走向未来的中国民俗

步入当代以来，多方面因素的影响逐渐打破了以小农经济为核心的传统农业社会，民俗也不再是以某一村落、家庭、地区进行内部传承和发展。因为社会主义市场经济体制的确立、城市化的发展和全球化浪潮，使在传统村落中世代相承的民俗文化难以为继。在社会的发展中，首先，政府部门的管理、政策、方针极大影响了民众的生活方式。如公历元旦新年的推广和上一节提到的非物质文化遗产运动的推行，无不推动着民俗文化的发展变化。其次，市场经济和旅游业的发展，民俗从民众自我创造和享用的文化演变成工厂、企业、商家在经济利益驱使下为民众所创造的文化，如传统节日中的饺子、春联、粽子、汤圆，从过去的家庭内部生产演变成商家组织生产、销售。最后，媒体和电子技术的出现，改变了传统民俗口耳相传的面貌，全民参与的网络传播社会就此形成。例如原本在关中地区流行的秦腔表演艺术，很多老艺人通过抖音、快手、哔哩哔哩等新兴传播渠道，使得其他地区的人们能够欣赏地域性优秀民俗文化。

从时间上看，中国民俗文化是一条流动的历史长河，既有它的过去，也有它的现在，还有它的未来，无人能将它割断。民俗既是一种传统精神，又具有现代意识。从民俗产生之日起，它就孕育着人类的文明。可以说，民俗与文明同源同构，共生共长。将民俗视为本该消亡的历史，并且与现代化割裂的观点无疑有失偏颇。事实上，在近代任何一个民族的民俗文化，其精神上都蕴含着全球意识和世界综合趋势。虽然我们一再强调对民俗文化是批判还是继承，首先取决于民俗拥有主体也就是人民群众的自我选择，其他人没有资格随意对他人的生活方式指指点点或说三道四。但是作为引导者有权利基于科学、文明、理性等观念对民众民俗生活加以引导。

民俗的传承与变异所形成的维护传统与打破传统的局面不只是“信而好古”与“破旧立新”的争端，这恰好促进了传统民俗文化与现代科学技术的对接，也正是在民俗的传承和变异当中，民俗文化与现代社会相互适应、共同发展。当我们想让传统的民俗文化走向未来、适应未来，最基本的便是“批判继承”的清醒态度和“古为今用”的前进意识。

“批判继承”指的是对于先人传承给我们的民俗，既不能全盘地、原封不动地接受，也不能激进地、不加分辨地拒绝。我们要在立足现代道德、现代法律的基础上，对传统民俗中健康的、文明的、积极向上的内容予以接受并传承下去，而对传统民俗中不健康的、野蛮的、落后的内容要做到坚决摒弃。“批判继承”的主要观点是保持一种客观理性的态度，将传统民俗文化放置于现代文明的大环境中加以考量。既批判，又继承，这样才能促进中国民俗文化在中华文明和世界文明中走向未来。

对中国民俗文化“批判继承”的典范当属对婚恋观的改造和发展。在古代中国，婚姻的最基本的模式是“父母之命，媒妁之言”。一对新人男女对走进婚姻的殿堂没有自主权，而全凭双方父母的好恶态度。在结婚家庭的选择上，讲究的是

“门当户对”，即男女两方家庭条件基本一致，两个家庭能够结成婚姻关系的准则是物质财富，而不是男女双方的感情。封建社会时期在某些地区，甚至出现了畸形的婚姻形态，如童养媳，即有钱人家将年幼女童买到家中抚养，等待自己儿子长大后娶她为妻；又如表亲婚，是指亲姐妹或亲兄妹、亲姐弟两人各生一男一女，长大后进行婚配；再如一夫多妻制，有钱人家的男性除了娶一女子为妻之外，还可纳妾。总而言之，古代中国的婚恋观充斥着不自由、不文明，古代男女无权对自己的终身大事做决定。

到了近代，中国的婚恋观有了很大变化。首先，自由恋爱成为城市青年知识分子所向往的婚恋方式。在民国时期，虽然在广大农村仍然普遍存在着“父母之命、媒妁之言”的包办婚姻方式，但是在具有现代气息的城市中，自由恋爱却已成为城市青年和知识分子所向往的婚恋方式。民国初期，随着西方文化的输入，以及新文化运动对封建礼教的冲击和对广大青年的思想启蒙，自由恋爱、婚姻自主成为广大青年的心声。当年，新文化运动的重要人物无一不持恋爱自由、婚姻自决的主张。像胡适就坚决主张恋爱是婚姻成立的先决条件，他说：“夫妻之间的正当关系应该以异性的恋爱为主要元素，异性的恋爱专注在一个目的，情愿自己制裁性欲的自由，情愿永久和他所专注的目的共同生活，这便是正当的夫妇关系。人格的爱不是别的，就是这种正当的异性恋爱加上一种自觉心。”“自由结婚的根本观念就是要夫妇相敬相爱，先有精神上的结合，然后可以有形体上的结婚。”

其次，青年人的婚姻自主意识增强，婚姻裁决权从原来的由父母做主向青年自主转变。随着自由恋爱的日益盛行，处于婚龄期的青年男女对于自己的婚姻有了更多的发言权。从这种婚姻习俗的变化中，我们能够看出民国时期的自主婚姻权经历了前所未有的巨大变化。20 世纪 30 年代至今，随着现代婚姻观念的进一步传播，青年男女的婚姻自主权意识更加强烈。

再次，民国时期青年人在对待婚姻的态度上发生了重要变化。民国时期人们婚姻观的变革中，一个重要的进步就是青年人的婚姻目的已经由传宗接代，向追求两情相悦和两性自然结合转变。传统婚姻的目的主要是为了传宗接代、侍奉父母，而民国时期青年男女的婚姻目的已经发生了变化。大多数城市青年人已敢于追求自己的幸福，婚姻以寻求生活伴侣为首要目的，传统婚姻侍上抚小的目的降至次要地位，这无疑是民国时期人们婚姻观念变革的一大进步。

最后，到当代，除了婚恋观上破除封建思想，随着社会主义精神文明建设不断深入，城乡移风易俗活动得到广泛开展，许多地方出现了婚事新办的典型。越来越多的人采用集体婚礼、旅行婚礼、慈善婚礼、“零彩礼”式婚礼、极简婚礼等新婚礼形式。婚礼代表着人们对美好爱情和婚姻的向往，低俗婚闹、变相索要礼金、铺张浪费等问题，严重损害了婚礼作为爱情与婚姻“见证”的纯洁属性。简单质朴、回归本心的婚嫁风俗，应该深入每一对新人、每一个家庭的内心。

“古为今用”指的是传统民俗文化在当下以及未来生活中能够为我们所用，换言之，我们要让传统民俗文化服务于当下以及未来的生活。民俗文化资源为现代服务，可以展现一个民族不朽文化的丰富内涵，它们成为全世界人民共享的精神财富。把民俗文化融入国人的现代生活，可以提高全民的文化素质，可以更全面深刻地增强民族的觉醒意识和自尊心、自信心。现代化进程中如果忽视并鄙弃传统民俗文化中的精华，或有意无意破坏民俗文化财富，就会伤了民族元气，就会动摇全民族的文化根基。

广西少数民族对“三月三”习俗的改造和利用，是“古为今用”成功的范例。“三月三”是我国多个少数民族的传统节日，时在农历三月初三。“三月三”习俗在广西的壮、瑶、苗、侗等少数民族中自古有之，在历史的演变中不断受中原文化和百越文化的影响。“三月三”由祭祀、踏青、宴乐延伸出对歌、交友、聚会等更为丰富的文化内涵。“三月三”作为壮族人民的传统节日，被壮族人称为“窝埠坡”或“窝坡”，原意为到垌外、田间去唱歌，所以也称“歌圩节”，传承至今，已成为灿烂的非物质文化遗产。

从古代汉族祭祀祖先的“上巳节”到壮、瑶、苗等少数民族的踏青歌节。怀揣着对祖先的敬畏，对美好生活的向往，“三月三”从历史的积淀中走来。每逢歌圩，在广西壮族自治区南宁市武鸣灵水湖畔，在公园凉亭边、文化广场上、街道树荫下，处处歌声飞扬。享有“中国壮乡”美誉的武鸣，举办歌圩节已有38个年头。每年“三月三”期间，“壮族三月三”歌圩暨“骆越文化旅游节”在武鸣如期举办。在推出富有壮乡特色的民俗活动的同时，武鸣还将经贸活动融入歌圩的整体活动。“壮族三月三”成了武鸣70万人民的另一个“春节”。“三月三”节庆活动不仅继承传统，深入挖掘传统文化的深厚内涵，而且不断充实与创新，融入时尚元素，吸引了更多的人尤其是年轻人参与。“三月三”活动意在不断满足各民族求新求变的审美需求，把节日活动拓展为集文化娱乐、民间信仰、商贸活动于一体的复合型的民俗活动。

“三月三”是凝聚民族团结力量的文化符号。南宁市各民族在长期的交往交流过程中形成了亲密无间、水乳交融的良好关系，民族传统文化丰富多彩，以壮族“三月三”为代表的地方民族传统节日文化璀璨夺目。各族人民在共同的欢庆中，增进了民族间的团结发展。“三月三”民族传统节日让各民族群众有更多机会参与活动，共度佳节，共享欢乐，增进民族感

南宁“三月三”节庆

情，促进民族团结。文化常常是民族边界之所在，又常常是民族交流的前沿。南宁的节庆文化为我们审视各民族的文化交流与认同提供了一个独特的视角。一年一度的“三月三”活动已经成为广西各民族共享、具有浓郁民族风情的盛会，群众通过积极参与体验丰富多彩的民俗活动，真正享受到丰富多彩的民族文化大餐。南宁各族人民如石榴籽般互相嵌入地团结在一起，如榕树般千枝同根地生长在一起。

“三月三”还是南宁紧跟时代的文化名片。一种民族文化的发展，需要不断注入新的活力，通过深入挖掘文化内涵，探索文化品牌发展之路，才能让“三月三”传统文化在现代化进程中生生不息，活动常办常新。歌圩文化是“三月三”的重要载体和表现形式。南宁市非遗保护中心近年来积极推动歌圩生态的保护，壮族歌圩的生态保护区不断扩大，使南宁不仅有“三月三”的年歌圩，还有月歌圩、日歌圩、夜歌圩，不仅有乡镇田野间的乡村歌圩，还有新秀公园里的城市歌圩。此外，南宁市民族艺术基地除每年承办南宁市的“三月三”活动外，还在“粤剧邕剧保护传承基础”场馆项目中，融入南宁本土壮族非遗项目，让更多人在市内就能体验壮族文化。

在社会的发展中，除了同样在农历三月初三这一天过节，现代的“三月三”民俗文化节已经与传统“三月三”有很大不同，仪式活动、人员构成、节日氛围都是基于现代文化所建构出来。这可以称作对古代民俗的现代改造，也可以称为“旧瓶装新酒”。当我们再把视野放在整个历史长河中，民俗不正是在不断接受新的时代文化不断改变吗?

民俗文化本身是一个笼统的概念，它涵盖了中华民族中各民族物质生活、精神生活的方方面面。在传统社会向现代社会发展过渡或转型的历程中，必须用科学、理性的现代观念对民俗文化中的所有事物和现象进行梳理和检验，分辨出哪些是对社会发展前进有益无害的良俗，哪些是阻挡社会向前发展的有害无益的陋俗；对前者就要积极发扬，把它融入现代化生活中去，成为现代生活中不可缺少的具有本国本民族民俗特色的文化财富；对于后者就要坚决地摒弃，把它们淘汰出局去除糟粕。还有许许多多对现代社会发展并没有什么损害，但看似也没有什么积极意义的传统风俗、风物，也应当尽可以经过重整再造进入现代社会，为现代生活所用，适应现代社会对多种民俗的需求，保护民俗的多样性。以“批判继承，古为今用”的视角审视当下民俗文化，是未来中国民俗走向的题中应有之意。

参考文献

专著：

［1］高丙中．民俗文化与民俗生活［M］．北京：中国社会科学出版社，1994.

［2］何群．狩猎民族与发展：鄂伦春社会调查研究［M］．呼和浩特：内蒙古人民出版社，2002.

［3］何一民．中国城市史［M］．武汉：武汉大学出版社．2012.

［4］蒯大申，祁红．中国民俗［M］．合肥：安徽教育出版社．2002.

［5］马克垚．世界文明史［M］．北京：北京大学出版社，2016.

［6］齐涛．中国民俗史论［M］．开封：河南大学出版社，1992.

[7] 舒燕 . 中国民俗 [M] . 北京：北京语言文化大学出版社 . 2002.

[8] 陶思炎等 . 中国都市民俗学 [M] . 南京：东南大学出版社 . 2004.

[9] 王娟 . 民俗学概论（第二版）[M] . 北京：北京大学出版社，2011.

[10] 乌丙安 . 中国民俗学 [M] . 沈阳：辽宁大学出版社，1985.

[11] 乌日陶克套胡 . 蒙古族游牧经济及其变迁 [M] . 北京：中央民族大学出版社，2006.

[12] 叶涛 . 中国民俗 [M] . 北京：中国社会文献出版社 . 2008.

[13] 尤瓦尔 · 赫拉利 . 人类简史：从动物到上帝 [M] . 北京：中信出版社，2017.

[14] 周大鸣 . 人类学导论 [M] . 昆明：云南大学出版社，2009.

期刊、报纸等：

[1] 陈金文 . 非遗保护与民俗学研究间的理想关系及实际状况 [J] . 河南社会科学，2009（3）.

[2] 陈启能 . 乔治 · 奥威尔和卡尔 · 魏特夫 [J] . 史学理

论研究，2003（4）.

[3] 崔玉霞 . 二十四节气中的文化底蕴 [J] . 农业考古，2009（3）.

[4] 李夏 . “互联网 +” 视域下中华民族非物质文化遗产保护与传承研究 [J] . 包装工程，2018（22）.

[5] 刘铁梁、黄永林、徐新建等 . “礼俗传统与中国社会建构” 笔谈 [J] . 民俗研究，2020（6）.

[6] 龙圣 . “礼俗互动：历史学与民俗学的对话” 学术研讨会述评 [J] . 民族艺术，2015（1）.

[7] 卢博佳 . 中国南北方地域差异对服饰文化流行的影响 [J] . 戏剧之家，2015（4）.

[8] 任雅萱 . 地方礼俗教化权利的分享与边界——以清前期士绅赵执信《礼俗权衡》为例 [J] . 民俗研究，2016（4）.

[9] 申小红 . 从私祀到官祀：明代佛山北帝信仰的地方性与正统化考察 [J] . 西华大学学报（哲学社会科学版），2011（4）.

[10] 陶丽萍、李技文、俞钰凡 . 乡村振兴背景下湖北非遗文化产品创新开发研究 [J] . 湖北民族学院学报（哲学社会科学版），2019（2）.

[11] 田兆元 . 关注非物质文化遗产保护背景下的民俗文化与民俗学学科的命运 [J] . 河南社会科学，2009（3）.

［12］王宏付、许莉莉．西南西北少数民族传统服饰文化的差异剖析［J］．装饰，2007（10）．

［13］乌丙安．民俗文化：从远古走进现代［J］．科学中国人，2003（6）．

［14］张勃．从乞巧节到中国情人节——七夕节的当代重构及意义［J］．文化遗产，2014（1）．

［15］张崇依．纸钱新探——以唐宋社会礼俗互动的视阈［J］．西南民族大学学报（人文社科版），2017（38）．

［16］张士闪．礼俗互动与中国社会研究［J］．民俗研究，2016（6）．

［17］张士闪．“借礼行俗”与“以俗入礼”：胶东院夼村谷雨祭海节考察［J］．开放时代，2019（6）．

［18］张士闪．中国礼俗传统的田野考察与文化阐释［J］．民族艺术，2020（6）．

［19］赵世瑜、李松、刘铁梁．“礼俗互动与近现代中国社会变迁”三人谈［J］．民俗研究，2016（6）．

［20］朱振华、李生柱．傩火送瘟：禳祟纳祥的节日设置——太行山东缘一个汉族村庄春节“拉死鬼”仪式的田野考察［J］．中国山地民族研究集刊，2016（1）．

［21］张士闪．“礼俗互动”：当代国家正与民间缔结新契约［N］．联合日报，2016-04-12（A2）．

后记

非常荣幸能够参与由泰山出版社策划，著名历史学家葛剑雄先生担任总主编的“小天下·中华文明”系列丛书的撰写当中，笔者能够忝列作者之列，万分感激。记得唐代诗人王勃在名篇《滕王阁序》里说“四美具，二难并”。意思是说天下最容易和最艰难的事情，只有非常巧合的情况下才可能偶遇在一起。从这个角度说，本书的两位作者朱振华、国先翼能够完成“民俗卷”这本小书，也是基于几个偶然性因素促成的。

葛剑雄先生于2019年10月中旬召开的“小天下·中华文明”系列丛书的研讨会上说：“泰山出版社打造‘小天下’丛书的初衷，是看到在当下全球化的背景下，青少年对人类文明知识的学习、接收出现严重的庸俗化倾向，尤其是一味地‘浅阅读’趋向，导致了青少年对中国传统文化的误读。这套书就是为了做到正本清源、大家小书，面向青少年进行文化普及和思想启蒙。”我们认为，这段话是“小天下”丛书创意策划的初心和主旨所在。同时这也是我们习惯了学术写作的丛书作者们，之后在写作中始终瞄准和努力的方向。

事实上，经由山东大学儒学高等研究院王加华教授引荐，我们两位作者在接到泰山出版社的邀请时，“军事”“民族”“政治”等卷本的写作已经有条不紊地展开了。肩负着王加华教授和泰山出版社对我们两位作者的信任，我们战战兢兢地接过了撰写“民俗卷”的任务。但是我们随后发现，习惯了学术语言和问题意识的训练，要想达到葛剑雄先生提出的要求并不是一件容易的事。

一方面，短短的十几万字的小书要层次清晰地向读者们介绍清楚中国民俗和文明进程的紧密关系。另一方面，又要铭记这本书的目标读者是青少年群体。这两条要求貌似简单，但让我们这些谙熟考据、下意识地就会引经据典的青年学者着实经受了一番考验。我们已经记不清，有多少次接到泰山出版社认真地近乎苛刻的王艳艳女士关于我们写作刻板、严肃、无趣的告诫。从密密麻麻的注解到清清爽爽的版面，从行文拖沓的译文式语言，向简洁、明快的语言风格的努力靠拢……老实说，这本小书写作的艰苦着实不亚于撰写一本严肃的学术著作。令人遗憾的是，尽管我们付出了力所能及的努力，因为学养和文笔的缺陷，这本小书还有许多可以提升、拓展的地方，并不能令人十分满意。

最后，我们衷心地向为本书的出版提供关心支持的泰山出版社胡威社长，向泰山出版社程强老师、王艳艳老师表示衷心的感谢。最为重要的是，欢迎所有读者朋友们对本书的写作提出建议和批评。

记得法国作家、诗人雨果曾说“书籍是改造灵魂的工具。人类所需要的，是富有启发性的养料。而阅读，则正是这种养料”。希望大家，特别是青少年读者朋友，能够通过“小天下”丛书开阔视野，增长知识，滋养心灵！

“小天下·中华文明”系列丛书民俗卷作者

2021 年 5 月 20 日于泉城